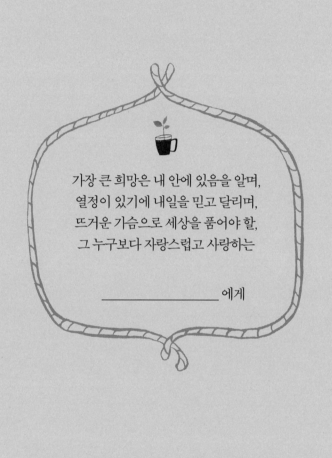

가장 큰 희망은 내 안에 있음을 알며,
열정이 있기에 내일을 믿고 달리며,
뜨거운 가슴으로 세상을 품어야 할,
그 누구보다 자랑스럽고 사랑하는

_____ 에게

심군대
심리학

1판 1쇄 발행 | 2013년 10월 4일
1판 7쇄 발행 | 2017년 1월 25일

지은이 | 여인택
펴낸이 | 이희철
기획 | 출판기획전문 엔터스코리아
편집 | 조일동
마케팅 | 임종호
디자인 | 디자인 홍시
일러스트 | 김홍
펴낸곳 | 책이있는풍경
등록 | 제313-2004-00243호(2004년 10월 19일)
주소 | 서울시 마포구 월드컵로31길 62 1층
전화 | 02-394-7830(대)
팩스 | 02-394-7832
이메일 | chekpoong@naver.com
홈페이지 | www.chaekpung.com

ISBN 978-89-93616-33-0 03180

이 도서의 국립중앙도서관 출판시도서목록(CIP)은 e-CIP홈페이지(http://www.nl.go.kr/ecip)와
국가자료공동목록시스템(http://www.nl.go.kr/kolisnet)에서 이용하실 수 있습니다.
(CIP제어번호 : CIP2013016688)

일면 인정받고
모르면 헤매는

군대
심리학

여인택 지음

책/이/있/는/풍/경

대한민국 남성이라면 모두가 가야 하는 군대. 하지만 그곳은 남자들만의 공간이 아닙니다. 생각해보세요. 훈련소 문을 통과해 군복을 입는 순간 군 생활은 가족과 주위 사람들에게도 영향을 미칩니다. 여러분이 바로 그 누군가의 아들이자 형제이고 애인이기 때문입니다.

저도 마찬가지였습니다. 부모님과 애인은 저를 통해 군 훈련과 생활을 알기 시작했고, 저와 함께 2년을 같이 복무했다고 해도 과언이 아니었습니다. 군대가 제 첫 사회생활이자 첫 직장이었습니다. 친구나 애인을 만나면 저도 모르게 군대 이야기로만 꽃을 피웠는데, 그만큼 정이 가고 추억이 생기는 곳이 군대입니다. 그런 제가 제대를 했고, 심리학을 공부하고 있습니다.

심리학은 사람들의 마음, 경험, 그리고 행동을 공부하는 학문입니다. 매력적이죠. 심리학에 대한 사회적인 관심이 높아지면서 현명한 연애법과 행복 실천, 심지어 혈액형과 색깔을 심리와 연결시킨 책들도 늘고 있습니다. TV 광고나 마케팅에도 심리학이 응용되고 있죠. 자신과 상대방을 더 깊이 이해하기 위해 심리학을 필요로 하는 시기이기도 합니다.

하지만 건장한 대한민국 남자라면 누구나 거쳐 가야 하는 군대를 심리학적으로 다룬 책은 보기 드뭅니다. 군 생활에 관련된 글과 정보는 꽤 있습니다. 하지만 그마저 간부의 시선으로 본 것이 대부분입니다. 그 때문에 일반 병사들이 느끼는 세세한 부분과는 이질감이 느껴집니다. 사람들과의 관계에서 상처받고, 자신이 처한 문제로 고민하는 병사들이 많습니다. 그래서 일반 병사들의 시선으로, 그들의 고민을 심리학으로 들여다보았습니다.

1장에는 군대뿐만 아니라 일상생활에서 흔히 겪는 문제들을 담았습니다. '왜 우리 소대 세탁기는 항상 고장 나 있을까'처럼 쉽게 접할 수 있는 상황을 방관자 효과를 비롯한 심리학 이론으로 알기 쉽게 들여다보았습니다. 2장과 3장에서는 선임과 후임을 다룰 때 필요한 대화법과 심리 병법을 소개합니다. 4장에서는 군 생활을 보람차고 의미 있게 보내기 위한 심리학적 패러다임을 제시합니다. 마지막 장에서는 군대 연애가 힘들다며 벌써부터 겁을 내고 있는 커플들에게 피가 되고 살이 되는 조언을 담았습니다.

길을 잃고 힘들어 하는 병사들, 그리고 주위 모든 분들에게 이 책이 조금이나마 여유와 희망이 되기를 소망합니다. 심리학적인 지식은 세상을 바라보는 새로운 창을 열어줍니다. 심리학이라는 망원경으로 세상을 바라보는 안목이 생겨, 사회에 나아갔을 때 현명하고 지혜로운 결정을 내릴 수 있기를 바랍니다. 그런 여러분에게 이 책을 바칩니다.

2013년 9월
여인택

들어가는 글

1장

군대, 마음이 통해야 통한다

2장

선임에게 인정받는 후임의 비밀

3장

누구나 후임일 때가 있었다

4장

군화 속에서도 꽃은 핀다

5장

살아남는 커플은 이래서 다르다

참고문헌

군대,
마음이 통해야 통한다

1장

1
episode

**짜증나고 반복되는
내무검사, 왜 할까**

Question

내무검사가 너무, 너무, 너무 싫다.
이거 꼭 해야 하나?

이놈의 지긋지긋한 내무검사°. 할 거 없으니까 또 청소하라는 거 아닙니까! 매주 금요일마다 힘들어 죽겠습니다. 오전 내내 청소하고 오후에 평가한다는데, 솔직히 매일 아침저녁에 바닥 쓸고, 물청소하고, 침상 터는 걸로 충분하지 않습니까? 뭘 더 청소하라는 건지······.

물론 내무검사에만 있는 특별한 청소법이 있기는 하죠. 바닥 미싱°, 군화 자국 제거, 관물대° 각 잡기!

바닥 미싱은 시멘트 바닥 위에 락스를 뿌리고 뜨거운 물로 얼룩을 제거하는 수작업. 점수를 주자면 '귀찮음'에 별 2천만 개도 모자랍니다. 쉬울 거 같아도 고개 숙이고 빗자루로 싹싹 소리를 내며 하는 작업은 해본 사람만 알고, 분리수거와 함께 군대 청소의 끝판왕이죠.

군화 자국 제거는 군 보급용 치약을 살짝 짠 물걸레로 곳곳에 묻은 얼룩을 닦아내는 거죠. 오른팔 이두와 삼두 근육을 사정없이 자극하는 고통의 얼룩 제거가 끝나면 피날레. 관물대 각 잡기가 비웃으며 기다리고 있습니다.

군대는 칼각이라고 하지 않습니까. 매트리스부터 모포, 포단, 베개를 네모 반듯하게 딱! 애인을 어루만지듯 섬세한 손길로 각을 잡아야 하죠.

이렇게 길고, 복잡하고, 힘들고, 귀찮고, 욕이 한 바가지 나오는 내무검사! 딱히 달라진 게 눈에 띄지도 않는 내무검사! 저는 내무검사가 필요 없다고 봅니다. 이 시간에 주특기 공부를 시키거나 차라리 작업을 내보내지. 내무검사, 왜 해야 하죠?

nswer

이 말에 공감한다면 착각도 여간한 착각이 아니다. 생활관 바닥에 묻은
군화 자국을 오랫동안 방치하면 그와 비슷한 얼룩도 무시한다. 그 얼룩
들은 점점 많아져 어느 순간 바닥은 지저분해도 되는 공간이 될 터. 내
무검사가 귀찮더라도 꼭 해야 되는 이유다.

'깨진 유리창' 때문이었다

1969년, '스탠포드 모의 감옥 실험'으로 유명한 심리학자 필립 짐바르도 Philip Zimbardo 는 한 가지 실험을 했습니다.

그는 거리에 보닛이 열려 있는 자동차 두 대를 일주일 동안 두고 지켜보았습니다. 하나는 보닛만 열려 있었고, 다른 하나는 창문까지 깨져 있는 상태였죠. 실험 결과, 보닛만 열어 놓은 차는 일주일이 지나도 별반 다를 게 없었습니다. 하지만 창문이 깨져 있던 차는 10분 만에 타이어와 배터리가 없어졌으며, 일주일 후에는 심각한 낙서와 함께 완전히 파손되고 말았습니다. 유리창이 깨진 걸 본 이들은 '아무도 이 차에 관심이 없구나', '그럼 내 마음대로 해도 되겠다'라고 생각했고, 그렇게 한 것입니다.

이처럼 사소한 걸 방치하면 더 큰 문제로 이어지는데, 이를 '깨진 유리창 법칙 Broken Windows Theory'이라고 부릅니다.

제가 살고 있는 동네의 아파트 상가에는 맛이 정말 좋은 돈가스 집이 있었습니다. 어렸을 때부터 다니던 곳이었죠. 그런데 어느 날, 처음으로 가게 화장실에 들어간 저는 쓰레기통이 휴지로 가득 차고 주변에 쓰레기들이 널려 있는 걸 보았습니다. 그 순간 몇 년간 쌓은 그 식당에 대한 신뢰가 무너지고 말았습니다.

'간단한 청소가 안 되어 있네?'가 '그러면 주방도 더럽겠지?'로 이어졌고, 그래서 '내가 먹은 음식은 과연 깨끗할까?' 걱정되었으며, 마침내 '도저히 못 믿겠어. 더 이상 오면 안 되겠다'로 마무리되었습니다. 제 머릿속은 이런 식의 논리를 전개했습니다. 사소한 것을 소홀히 한 게 손님을 등 돌리게 한 계기가 된 거죠.

나의 '깨진 유리창'은 무엇인가

사회에서 그렇듯 군대라는 조직에서도 군 질서를 유지하려고 수많은 규칙과 약속이 존재합니다. 그런데 우리는 그중에서도 특별히 중요하게 여길 규정이 따로 있다고 생각합니다. '개인 청결을 항상 단정하게 유지해야 한다'와 '선·후임에게 폭언과 폭행을 하면 안 된다'는 처벌의 정도나 비중을 비교했을 때 동급으로 취급할 규정은 아니라고 판단합니다.

하지만 그렇지 않습니다. '깨진 유리창 법칙'이 시사하듯, 실제로도 사소한 것을 지키지 못하는 사람이 나중에 더 큰 문제를 일으킬 수 있기 때문입니다. 작은 규칙을 사소하게 여기거나 이를 어기는 병사일수록 나중에 군사보안 위규나 입창* 등 더 큰 문제를 일으킬 가능성이 높다는 게 이 이론의 포인트입니다. 내무검사는 개인 청결 유지를 명목으로 하지만, 더 큰 목적은 군 기강을 세우고 군 질서를 유지하는 것입니다. 부대 내의 '깨진 유리창'을 허락하지 않겠다는 거죠. 그래서 그 부대의 군기와 전투력을 평가하려거든 내무검사를 하라는 말이 있는지도 모릅니다.

여러분의 깨진 유리창은 무엇입니까? 사소하다고 여겨 방치해두었던 것들을 찾아보길 바랍니다. 귀찮다고 자르지 않아 덥수룩해진 수염에서 서랍에 방치한 쓰레기까지. 물론 내무검사가 까다롭고 가끔은 불필요하다고 느낄 때도 있습니다. 하지만 군대에서의 내무검사가 주는 교훈은 이것입니다. 사소한 것을 신경 쓸 줄 아는 사람이 더 큰 문제를 일으키지 않죠. 반대로 사소한 것에 무심하게 방을 내어주기 시작하면 언젠가 그 방에서 쫓겨날지 모릅니다.

 민간인은 모르는 군대 용어

● 내무검사 | 군인들이 생활하는 생활관(예전에는 내무반이라고 불렸음)의 청결을 간부들이 돌아다니며 검사하는 것. 군사보안에 저촉되는 물품이나 잡지, 핸드폰 등을 몰래 숨기고 있는지 점검하며, 대청소 시간으로 통한다.

● 미싱 | 물청소로, 청소할 때 물을 뿌려 빗자루로 깨끗하게 쓸어내는 것.

● 관물대 | 자신의 물품을 보관하는 사물함.

● 입창 | 영창에 들어가는 것을 이르는 것으로, '영창 간다'와 같은 말.

2
episode

내가 하면 힘든 일,
남이 하면 꿀보직

Question

PX 관리병이나 행정병처럼 편하게 군 생활 하는 애들을 보면 화가 난다. 누구는 편하게 복무하고 누구는 고생만 하다니, 억울할 뿐이다.

요즘 피돌이* 때문에 미쳐버릴 지경입니다. 마음에 안 들어도 너무 안 들어요. PX에 물건 사러 가서 찾는 거 어디 있느냐고 물으면 "저기 뒤에 있잖아요!"라며 되레 신경질을 부립니다. 진짜 육군 최강의 '꿀보직'을 가졌는데도 뭐가 저리 힘들까요? 제가 피돌이였다면 행복해서 군 생활 할 맛이 났을 거예요.

참, 피돌이가 지난번에 뭐라고 했는지 아세요? 저희 중대가 작업도 쉬운 것만 골라 하고, 꿀 빨고 망고 피운다는 겁니다. 웃겨서 말이 안 나오네요. 그 자식, 박격포 포열도 들어봐야 조용히 구석에 찌그러져 있을 텐데……. 총도 안 쏴봤을 것 같은 녀석이 입만 살아서.

엄청 편하게 있는 애들을 보면 화가 치밀어요. 행정병이나 그런 애들 말이죠. 다같이 2년 몸 바치는 건데 누구는 편하고 누구는 고생하고 말이죠. 화가 납니다, 화가!

nswer

그렇지 않다. PX 관리병이나 행정병도 나름대로의 고충이 있고 스트레스가 있다. 그건 내가 할 때는 힘든 일도 남이 하면 꿀보직처럼 보이기 때문이다. 사실 군대는 내가 있는 위치가 가장 힘든 법.

누구나 자신의 잘못에는 관대하고 상대방의 실수에는 엄격합니다. '내가 하면 로맨스, 남이 하면 불륜'이라는 말이 있듯이 말이죠. 내가 숙제를 못 하면 여러 가지 바쁜 상황 때문이고, 다른 학생이 숙제를 안 해오면 무책임하고 게으르기 때문이라고 생각한 적이 있지 않나요?

이렇듯 타인의 문제를 외적인 요소에서 찾는 것이 아니라, 성격을 비롯해 그의 내적인 요소에서 찾아 판단하는 것을 '근본적 귀인 오류fundamental attribution error'라고 합니다. 상황을 합리적으로 판단하지 않고 섣불리 감정적으로 결론짓는, 일종의 편견이라 할 수 있습니다.

그런데 흥미롭게도 이게 전혀 다르게 나타나곤 합니다. 자신을 보호하려는 방어기제로 사용되기도 합니다. 심리적 안정감을 가져다주기 때문이죠.

내가 성공했을 때는 내가 잘나서 그렇다며 내적인 요소를 덕으로 삼고, 내가 실패했을 때는 상황이 따라주지 않고 운도 나빠서 그렇다며 외부적인 요소를 탓하죠. 그런데 타인을 대할 때는 관대하지 못합니다. 오히려 상대를 깎아내리기에 바쁘죠.

군대에 있으면 이런 근본적 귀인 오류가 극대화되는 경우가 의외로 많습니다.

상대방이 나보다 편한 자리에 있다 싶으면 '성격도 이상한데 짜증나게 편하게 꿀 빨면서 일하네' 하며 그의 내적인 요소가 못마땅해 보입니다. 반면에 내가 시멘트나 페인트 작업처럼 까다롭고 힘든 일을 하며 쩔쩔맬 때는 '이 일은 원체 힘든 작업이니까', '내가 전문가도 아닌걸' 하며 스스로를 위로합니다. 그러다가도 남이 그 일로 헤매고 있으면 '저런 쉬운 일도 못하는 약골이군' 하며 비난합니다. 그의 능력 때문이 아니라 힘든 상황 때문에 그럴 수 있는데도 말입니다.

후임과 선임으로 이루어져 있는 조직, 또는 동기들끼리의 미묘한 경쟁심리가 가득한 조직에서는 이런 편견은 살아남으려는 방편일 수 있습니다. 하지만 지나치면 문제가 된다는 사실을 잊어서는 안 됩니다. 근본적 귀인 오류에 빠져 있다 보면 자신도 모르는 사이에 입만 열면 비난하는, 후임에게 조금의 틈도 양보하지 않는 좀생이가 되기 때문입니다.

인간관계의 갈등은 불필요한 선입견에서부터 시작하는 경우가 많습니다. 사건의 원인을 무턱대고 다른 사람에게서 찾으려 하기 때문이죠. 색안경을 쓰고 대하다 보면 자만하는 건 시간문제입니다.

편견에 물들어 있음을 깨닫고 그것을 인정하면 세상이 조금은 달라질 것입니다. 선·후임이나 동기를 대할 때 지나치게 개인의 책임을 물으며 비난한 적은 없었는지 돌아보는 것도 필요하겠죠. 여러 사람과 부대끼며 지내는 군대에서 편견을 없애고 타인의 상황을 헤아리고 이해할 줄 아는 여유를 응원하겠습니다.

 민간인은 모르는 군대 용어

● 피돌이 | 부대 내 매점인 PX(post exchange)의 정식 명칭은 충성마트이며, 이곳에서 물품을 관리하는 병사를 충성마트 관리병 또는 PX 관리병이라고 지칭한다. 하지만 PX의 'P'와 우리말 '돌이'를 합쳐 속되게 피돌이라고 부른다.

3
episode

더러운 속옷만 입는
그의 속사정

Question

더럽고 냄새나는 속옷을 입어야만 사격을 잘
한다. 지저분하다고 생각하겠지만, 정말 그
렇다. 내가 문제인가?

예전 중대장님은 "진정한 군인은 총 잘 쏘고 잘 뛰는 놈!"이라고 말씀하셨는데, 제가 그 놈입니다. 훈련소에 있을 때 20발 만발로 사격왕에 선발되어 휴가를 갔다 오기도 했죠. 그런데 그게 어떻게 된 일인가 하면 사정은 이렇습니다.

제가 훈련병 시절에 속옷을 모두 도난당한 적이 있었습니다. 훈련병 때는 서로 몸에 맞는 황금 사이즈다 하면서 훔쳐가고는 하잖아요. 그런데 그게 하필이면 사격 전날이었거든요. 며칠째 훈련 때문에 속옷이 땀에 범벅되어 있었는데, 다른 속옷이 없던 터라 어쩔 수 없이 냄새나는 속옷을 입고 사격을 했죠. 항상 호흡이 고르지 못해서 원하는 표적에 총을 맞춘 적이 없었는데, 웃기게도 그날만큼은 꼬질꼬질한 속옷의 악취 때문에 숨을 참을 수밖에 없더라고요. 운이 좋았는지 덕분에 20발 전부를 명중시켰죠.

그 후 저는 사격이 있는 날이면 악취 나는 속옷을 입습니다. 신기하게도 속옷을 갈아입고 간 날이면 총알이 전부 빗나가요. 냄새나는 속옷을 입어야만 사격왕이 되는 겁니다. 혹시 저, 총 잘 쏘는 변태일까요?

나도 힘들어...

nswer

누구나 그런 은밀한 징크스가 있다. 사격을 못했던 나 역시 비슷한 징크스가 있었다. 그러다 어느 날 평소보다 더 저조하게 표적을 맞추었고, 둘 사이에 아무런 연관이 없다는 걸 깨달았다.

인류의 위대한 발명품, 징크스

면접에서 떨어지고 돌아오면서 '아침에 미역국을 먹어서 그래'라며 음식 탓을 하는 사람, 수능 날 여자 속옷을 입으면 시험을 잘 볼 수 있다는 사람……. 저 같은 경우는 수염이 잘 자라는 편인데, 시험이 있는 날은 면도를 하지 않습니다. 면도를 하면 미끈거리는 턱처럼 시험을 못 본다는 징크스가 있기 때문이죠. 도대체 미역과 면접이, 여자 속옷과 수능이, 수염과 시험이, 그리고 악취 나는 속옷과 사격 능력이 무슨 관계가 있을까요? 그래도 여전히 주위에는 징크스가 수없이 널려 있습니다.

행동심리학자인 버러스 스키너B. F. Skinner에 따르면, 사람들은 긍정적인 결과를 가져오는 행동은 습관적으로 반복하고 부정적인 결과를 가져오는 행동은 피하도록 학습된다고 합니다. 이를 '조작적 조건화operant conditioning'라고 부르죠. 그는 이에 대한 예로 다음과 같은 실험을 소개합니다.

그는 '스키너의 상자'라고 불리는, 실험용 쥐를 위한 특별한 상자를 만듭니다. 상자 한쪽에는 두 개의 레버가 있는데, 쥐가 A 레버를 만지면 전기충격이 가해지고 B 레버를 만지면 음식이 주어지는 구조죠.

그가 이 상자에 쥐를 넣고 관찰한 결과는 이렇습니다. 쥐는 반복적인 시행착오로 'A 레버는 전기충격', 'B 레버는 음식'이라는 연관성을 학습합니다. 뿐만 아니라 시간이 갈수록 쥐가 A 레버를 움직이는 빈도보다 B 레버를 움직이는 빈도가 증가합니다.

이처럼 원하는 것을 줌으로써 행동의 빈도를 높이는 것을 '강화re-inforcement'라고 하고, 원하지 않는 것을 줌으로써 빈도를 낮추는 것을 '처벌punishment'이라고 부릅니다. 스키너는 음식을 얻는 강화와 전기충격을 주는 처벌로써 B 레버를 움직이는 빈도를 높이고 A 레버를 움직이는 빈도를 낮출 수 있었던 거죠. 즉, 쥐는 강화와 처벌로 행동을 학습한 것입니다.

징크스 공장의 주인은 나 자신

징크스는 이러한 조작적 조건화로 만들어집니다. 사격과 속옷의 예를 들어볼까요?

질문한 병사는 혹시 사격에 방해가 되는, 숨을 고르게 쉬지 못하는 버릇이 있지 않나요? 그런 어느 날, 예기치 않게 사격을 잘 하게 되었죠. 왜인지 의아해 하며 곰곰이 생각해보았을 테죠. 그리고 알아냈겠죠. 냄새나는 속옷 때문에 숨을 참다 보니 호흡이 안정되고 그로 인해 사격을 잘 하게 된 것을. 결국 속옷을 갈아입지 못한 게 좋은 결과와 연결되다 보니 더러운 속옷에 집착하는 강화가 일어난 것입니다. 물리적으로 둘 사이에는 아무런 연관이 없는데도 말입니다.

보통 때보다 시험을 못 본 사람은 시험을 못 본 것에 그럴듯한 원인을 찾을 겁니다. 그러다 보면 '그러고 보니 오늘 아침에 평소에 먹지 않던 미역국을 먹었잖아'라며 연관성을 부여하고, 그로써 저조한 성적이라는 처벌을 받지 않으려고 시험날 미역국을 먹는 행위를 피하는 겁니다. 징크스는 이렇게 관계없는 것들 사이에 연관성을 부여하는 과정이며, 반복적인 강화와 처벌로 징크스는 더더욱 강력해집니다.

징크스는 심리적 안정감을 얻으려는 위대한 발명품입니다. 세상을 살아가면서 끊임없이 생기는 부담감, 긴장감, 불안감 등으로부터 자신을 지켜주죠.

자신의 능력이 부족해서 면접에 떨어진 거라고 내부에서 문제점을 찾기보다는, 미끈거리는 미역국을 먹었기 때문에 떨어진 거라고 외부의 환경을 탓하는 게 받아들이기 훨씬 쉽겠죠. 반대로, 중요한 시험이 있을 때는 '이 볼펜으로 본 시험은 다 잘 봤으니까 이번에도 잘 볼 거야'라는 생각이 긴장감을 완화시켜주는 든든한 지원군이 되죠.

징크스는 나를 보는 내 안의 거울

무조건 '징크스를 만들지 마라'와 '징크스를 깨버려라' 외치는 건 현실성이 없습니다.

　사람은 무의식중에도 여러 가지 행동에 의미를 부여하며, 징크스를 대량생산하는 공장과도 같습니다. 그래서 차라리 징크스를 따르는 게 괜찮은 방법일 수 있습니다. 적당한 징크스는 경직된 몸과 긴장을 풀어주고 자신감을 불어넣어주기 때문입니다. 시험 잘 보는 펜처럼 귀여운 애교로 봐줄 수 있는 징크스도 많고, 플라세보 효과처럼 가짜를 진짜로 믿는 것만으로도 진짜 효과를 보는 징크스도 많습니다.

　긴장감이 넘치는 군대에서는 이런 수많은 징크스를 만들어내기 쉽습니다. 불침번 시간만 되면 간부님의 순찰이 있다든지, 특정 간부님의 당직 때는 항상 혼난다든지 하는 징크스 말입니다. 징크스를 따르지 못하는 상황이 오면 극도의 심리적 불안감에 휩싸이기도 하겠죠.

　하지만 징크스는 방어기제로 만들어진 산물입니다. 스스로가 징크스를 만들어냈는데도 불구하고 주객이 전도되어 징크스가 나를 얽어맨 거죠. 그런 상황에서 좋은 결과를 기대하기란 어렵습니다. 쾌락에 빠지면 빠질수록 더 큰 쾌락을 쫓듯 징크스 역시 마찬가지입니다. 사격하기 전에 속옷 안 갈아입기 징크스가 일주일 동안 빨지 않은 냄새나는 속옷 입기로 악화되어서는 안 되겠죠.

　자신만의 징크스가 있다면 그 징크스가 어떤 이유에

서인지, 왜 그랬는지 생각해보기 바랍니다. 그리고 징크스 자체에 몰입하기보다는, 징크스를 따를 때 느끼는 자신감이 중요합니다. 그 자신감으로 징크스를 유연하게 즐길 줄 알아야 합니다.

4
episode

입대 후,
거리에 군인만 보인다

Question

이상하다. 첫 휴가를 나왔는데 길거리에
군인들만 보인다. 내 눈이 나빠진 건가?

이병 위로휴가입니다.

처음으로 사회 공기를 마신다며 무척이나 들떠 있는 저. 속으로 '자유다!'를 외치며 오랜만에 만난 친구와 길을 걷고 있는데……. 분식집에서 군인들이 나옵니다. 화장실에 들어가려고 하는데 역시 군인들과 마주칩니다.

'내가 휴가를 기가 막힌 타이밍에 나왔구나. 휴가를 많이 나온 거 보면.'

그런데 조용한 카페에 들어가 여유롭게 신문을 펼쳤더니 군 관련 기사가 1면을 장식하고 있습니다. 이거 왜 이러나 싶어 고개를 들었더니 저쪽 테이블에 '군복'이 여자 친구와 속닥거리고 있습니다.

'이게 뭐지? 군인이 되기 전까지는 길거리에서 군인을 본 적이 거의 없었는데…….'

이제는 가는 곳마다 군인들이 저를 따라다니는 것 같습니다. 부대에 있는 선임들 생각까지 나고, 미쳐버릴 것 같습니다. 제가 부대에 있는 건지 휴가를 나온 건지 모르겠어요. 제가 군인이라는 걸 온 세상이 말해주고 있는 건가요?

Answer

사람은 자신의 견해와 맞는 정보만 받아들이고 그 나머지는 무시하는 경향이 있다. 생각해보라. 어렸을 때, 같은 또래들만 보였던 것을.

같은 걸 봐도 저마다 다르게 본다?

왜 입대 전에는 안 보이던 군인들이 갑자기 길거리에 쏟아져 나왔을까요? 위병소 문을 걸어 나오자마자 수많은 사람들과 마주하고 수백 개의 광고나 기사를 접합니다. 여기서 중요한 것은, 그 많은 정보의 홍수 속에서 군과 관련되지 않은 정보는 무시하고 지나쳐 버렸다는 것입니다. 반면에 군인이라는 신분 때문에 군과 관련된 정보만은 그 어느 때보다 많이 받아들였던 거죠.

음모론이 존재하는 이유도, 이별 후에 모든 노래가 내 이야기처럼 들리는 것도, 특정 브랜드 가방을 사기로 했더니 모든 사람들이 갑자기 그 가방을 들고 다니는 것도 '확증 편향confirmation bias' 때문입니다.

그림 해석을 바탕으로 인성을 추측하는 '로르샤흐 테스트'가 있습니다. 다음 페이지 그림이 어떤 모양으로 보이나요? 거인으로 보이거나 악어로 보이기도 합니다. 같은 것을 보고도 여러 가지로 해석할 수 있는데, 이 해석 과정을 돕는 것이 확증 편향입니다.

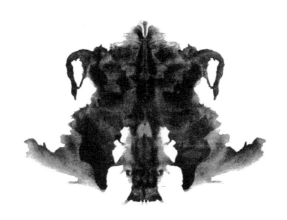

확증 편향은 생각이 편파적으로 옮겨 가는 것입니다. 근거를 바탕으로 결론 내리는 것이 아니라, 가설을 먼저 세우고 뒤늦게 그것을 뒷받침할 수 있는 증거물들을 찾기 시작하는 거죠. 다시 말해 편견을 갖고 바라보는 겁니다. 위 그림이 하늘을 나는 용이라고 생각하기 시작한다면 그 의견을 뒷받침하는 수많은 증거를 찾아낼 수 있을 겁니다.

확증 편향은 복잡한 생각 과정에 지름길을 만들어 불필요한 시간을 아껴주는 역할을 하기도 합니다. 하지만 진실을 똑바로 보지 못하게 하고 왜곡시키기도 합니다. 자신의 입장과 다른 것을 무시하기 때문이죠. 때로는 기억에도 관여합니다. 자신이 믿고 싶은 대로 회상하는 경우가 그렇습니다. 과거에 같은 경험을 한 사람과 경험 담을 나누는데 서로가 전혀 다르게 말해 갈등을 일으킨 적이 있을 겁니다. 거기에도 확증 편향은 관여하고 있습니다.

진실은 어깨 너머에 있다

양초, 성냥, 그리고 압정이 가득 담긴 종이상자가 있다고 가정합시다. 어떻게 하면 이것을 사용해서 벽에 등불처럼 양초를 걸 수 있을까요? 맞습니다. 압정을 사용해서 압정이 담긴 종이상자를 벽에 고정하면 양초를 얹어 놓을 수 있습니다.

하지만 많은 사람들이 답을 찾아내기까지 어려움을 겪습니다. 종이상자를 압정을 담아두는 기능 외의 다른 방법으로 사용할 수 있다는 생각이 쉽게 떠오르지 않기 때문입니다. 이처럼 가장 많이 쓰이는 용도로만 그 물건의 가치와 기능을 가늠하는 경향을 '기능성 고착functional fixedness'이라고 합니다.

사람들은 자신이 바라보는 세상이 옳다고 믿고 싶어합니다. 그래서 대부분 자기 생각에 부합하는 것들만 바라보죠. 입대 후에 길거리에서 군인이 많이 보이는 이유도, 신문만 봤다 하면 군과 관련된 글이 가장 먼저 눈에 띄는 이유도 이런 허점 때문입니다. 사실, 둘러보면 그와 반대되는 수많은 증거가 있었는데도 말입니다.

이렇듯 확증 편향은 색안경을 끼고 세상을 바라보는 것입니다. 따라서 확증 편향에 허우적거리며 자신의 의견과 맞는 것만 골라 받아들이고 있다면 언젠가는 어느 누구도 설득할 수 없을지 모릅니다. 확증 편향은 달리 말해 편견이기 때문입니다. 세상에는 이런 허점으로 나를 이용하려는 이들이 많다는 것을 잊지 말아야 합니다.

세상이 내게 똑같은 메시지만 전달하고 있다고 생각된다면, 혹시 그에 반대되는 건 없는지 객관적으로 살펴봐야 한다는 신호이기도 합니다. 진실은 눈앞이 아니라 어깨 너머에 있을지 모르니까요.

나다 싶으면
당장 튀어 나가라

Question

단체생활을 하다 보니 어딘가에 문제가 생겨도
쉽게 해결되지 않는다. '누군가 하겠지' 하고 넘기
는 거다. 도대체 왜 이러는 건지 나도 모르겠다.

조그만 공간에서 여러 명이 부대끼며 생활해야 하는 군인들에게 청결은 매우 중요합니다. 그래서 저도 하루에 최소 한 번 샤워를 하고, 개인 세탁물에도 항상 신경 쓰고 있죠.

모처럼 여유로운 일요일이었습니다. 세탁물과 세재를 들고 세탁실로 향했습니다. 그런데 이게 웬일! 세탁기가 고장나 있는 겁니다. '분명히 지난주에도 고장나 있었는데……. 미친 거 아니야? 아무도 보고를 안 하다니!'

왜 저희 부대에는 이렇게 고장나 있는 물건이 많을까요?

잠깐, 그런데 왜 저 역시 일주일 전에 고장난 세탁기를 보고도 그냥 지나친 걸까요? 왜 그럴까요?

누가 세탁기를
죽였을까?

POLICE LINE 출입금지   POLICE LINE 출입

Answer

'방관자 효과' 때문이다. 군중 속에 섞여 있어서 타인을 도우려는 마음
이 줄어드는 심리다. 다들 다른 누군가가 하리라 생각하기 때문에 개인
한 사람 한 사람이 지고 있는 책임감이 줄어드는 것. 훈련소에서도 그
렇지 않은가.

군대에도 제노비스는 있다

'제노비스의 비극'을 알고 있습니까? 거의 모든 심리학 입문서에서 언급하고 있는 사례죠. 비록 지금은 과장된 부분이 많다고 밝혀졌지만, 그 사건은 당시 사회심리학자들에게 큰 충격을 일으키기에 충분했습니다. 당시 보도에 따르면 사건은 이렇습니다.

1964년 3월 13일 새벽 3시경, 뉴욕에 사는 여성 키티 제노비스가 자신의 아파트 단지 주차장에서 괴한의 칼에 찔립니다. '묻지마 범죄'였죠. 그녀는 도와달라고 비명을 질렀고, 놀란 괴한은 도망쳤습니다. 그런데 그때까지 그녀를 도와주는 사람은 아무도 없었습니다. 목격자가 38명이나 있었는데도 불구하고 말입니다. 죽어가는 그녀의 비명소리가 들렸음에도 불구하고 단 한 명만 경찰에 신고했을 뿐이었죠. 그 과정에서 다시 돌아온 범인은 30분 동안 그녀에게 반복해서 흉기를 휘둘렀습니다.

경찰이 현장에 도착했을 때 범인은 이미 온데간데 없었고 제노비스만이 싸늘한 주검으로 남아 있었습니다.

1964년 뉴욕 한복판에서 시체로 발견된 그녀와 군대에서 고장 난 채 방치되어 있는 세탁기가 무슨 관계가 있을까요? 그렇습니다. 세탁기는 군대 안의 제노비스라 할 수 있습니다. 세탁기가 처참한 고장의 수렁에 빠지기까지 그 상황을 알아챈 어느 누구도 그것을 보고하지 않았던 것입니다.

'내가 아니어도 누군가 하겠지'

심리학자인 빕 라타네Bibb Latane와 존 달리John Darley는 이러한 책임감 분산을 오랫동안 연구해왔습니다. 그와 관련된 실험 중 하나를 소개하겠습니다.

이들은 실험 참가자들에게 각자의 방에 들어가 실험이 시작되기 전까지 잠시만 기다려달라고 요청합니다. 그리고 잠시 후, 녹음된 음성을 옆방에서 실험 참가자들이 있는 방에서도 들릴 큰 소리로 재생합니다.

"(의자에서 넘어지며) 내 발! 내 발……. 움직일 수가 없어요. 누가 제발 좀 도와주세요!"

실험 결과는 이렇습니다. 방에 혼자 있던 참가자들의 70퍼센트가 방에서 나와 옆방을 살펴 도우려 한 반면, 여러 명이 함께 있던 방의 참가자들은 오직 13퍼센트만이 도우려 했습니다. '내가 돕지 않아도 다른 사람이 돕겠지'라고 생각한 것입니다.

'도와야 할까 말아야 할까'와 같이 애매모호한 상황에 처했을 때 우리는 주위 사람들의 행동과 반응을 보고 자신이 어떻게 행동해야 할지 기준을 잡습니다. 그래서 때로는 위급한 상황 속에서도 주위 사람들이 반응을 보이지 않으면 무반응이 그 상황에 가장 적합한 모범답안이 되어버립니다.

빕 라타네와 존 달리는 이런 집단적인 무지를 밝혀내려고 몇 가지 실험을 더 했습니다.

실험 참가자들에게 설문지를 작성하도록 한 다음, 몇 분이 흐른 뒤에 참가자들의 방 환기구로 연기를 피워 넣었습니다. 놀랍게도 방에 혼자 있던 참가자가 흘러 들어오는 연기를 알아채는 데까지 5초가 걸린 반면 두 명이 함께 있던 방의 참가자는 평균 20초나 걸렸습니다.

혼자 있던 참가자들 대부분은 곧바로 연구진에게 달려가 연기가 나고 있음을 알렸지만, 두 명이 있던 방의 참가자는 연기가 가득 차서 설문지가 보이지 않을 때까지 상대방의 행동을 살피기만 했습니다. '혹시 연기가 난 게 아닌데 호들갑을 떨면 겁쟁이나 바보로 보이지 않을까?' 생각했고, 옆 사람의 눈치를 보지만 아무런 반응이 없자 자신이 지나치게 걱정하는 거라고 생각해 결국 그대로 가만히 있었던 것입니다.

우리에게 필요한 건 나

세탁기로 돌아가봅시다. 왜 아무도 세탁기가 고장났다고 보고하지 않았을까요? 빕 라타네와 존 달리의 실험이 말해주듯 그들은 방관자효과의 노예였죠.

'세탁기가 고장났네. 하지만 내가 굳이 보고하지 않아도 누군가

불편하면 알아서 말하고 고쳐놓겠지.'

모두가 이처럼 안이하게 생각하고 있었죠. 이렇게 방관자 효과에 빠진 병사들은 서로 눈치만 보며 집단적 무지에 빠집니다. 고장난 세탁기를 간부님께 알리지 않고 내버려두는 게 어느새 기준이 된 거죠. 그러다 보면 세탁기는 원래 고장나 있는 물건으로 취급되어 오래도록 아무도 돌보지 않고, 고물이 될 것입니다.

세탁기와 제노비스가 시사하는 중요한 교훈을 절대로 간과해서는 안 됩니다. 군대에는 너무나 많은 제노비스가 있습니다. 아무도 치우려고 하지 않아 행정반 라디에이터 밑에 가득하게 쌓여 있는 먼지, 흡연장 근처에 탑처럼 쌓여 있는 담배꽁초들……. '누군가 알아서 하겠지'라는 방관자적인 태도의 결과물이죠. 나아가 선임에게 부당하게 괴롭힘 당하는 후임을 나 몰라라 하는 것 역시 '군대판 제노비스'의 한 예라고 할 수 있습니다.

위계질서가 뚜렷한 군대에서는 방관자 효과가 극대화될 가능성이 높다는 것을 염두에 두어야 합니다. 계급이 높아질수록, 후임이 많아질수록 굳이 자신이 나서서 실행에 옮겨야 할 필요가 없다고 생각하기 쉽습니다. 병영 부조리를 행하고 있는 선임을 보며, 계급이 낮은 자신이 굳이 나서서 서로가 불편해지는 상황을 만들 필요가 없다고 생각하는 것도 마찬가지입니다.

지금 당장 필요한 건 '바로 나'입니다. '누군가 해결하겠지'하는 안이한 생각은 당장 휴지통에 버리기를. 주위에 사람이 많을수록 누군가가 나서서 도와주는 일은 그만큼 줄어든다고 보면 됩니다.

　모두가 눈치를 보는 상황에서, 누구보다 먼저 땅에 떨어진 꽁초를 줍고, 행정반 라디에이터 아래로 고개를 숙여 묵은 먼지를 걷어내고, 괴롭힘을 당하는 후임에게 손 내미는 첫 번째 주인공은 바로 나 자신이어야 합니다. 이는 군대뿐만 아니라 모든 사회조직이 마찬가지입니다. 지하철역의 노숙자에게 도움을 주거나, 길거리 공연에서 음악에 맞춰 춤을 추든, 폭설에 미끄러진 여성을 도와주든 먼저 시작하세요. 한 사람이 돕기 시작하면 곧 다른 사람들도 기꺼이 나서서 도움을 주는 기적 같은 일이 기다리고 있을 것입니다.

6
episode

떨어지는 낙엽도
조심할 때

Question

말년에는 떨어지는 낙엽도 조심하라는 말이
있는데, 신기하게도 말년에는 이상한 징크스
들이 어김없이 벌어진다.

"떨어지는 낙엽도 조심해라."

병장들끼리 이런 말을 하곤 하죠. 그런데 이 말을 웃어넘겼다간 작살납니다. 떨어지는 낙엽에 맞아 거의 사망한 '말년'을 제가 한두 번 본 게 아니거든요. 제대할 때, 멋지게 박수 받으며 떠날 수 있다면 오죽 좋겠습니까. 그런데 그렇게 조용하던 사람도 말년만 되면 입과 몸이 근질근질한 모양입니다. 하루는 말년 병장 한 명이 떨어지는 낙엽을 보고 "낙엽이다. 나는 떨어지는 낙엽도 조심해야 하는 말년이라네"라며 뛰어갔다가 낙엽에 가려져 있던 배수로에 빠졌고, 전역날에 다리를 절며 집으로 돌아갔다는 거 아니겠습니까. 정말 희한하지 않습니까? 몰래 가져온 휴대전화 때문에 영창에 가지 않나, 외박 나가서 군기문란으로 휴가 제한에 걸리지 않나. 떨어지는 낙엽을 피한 답시고 간부님들 눈을 피해 요리조리 숨어 지내며 투명인간으로 빙의하다가 걸려 징계까지 받은 병장들. 떨어지는 낙엽은 유도장치를 장착한 모양입니다. 이렇게 오기 부리다 하나 둘씩 꼬꾸라지는 말년의 뇌구조, 정말 궁금해 죽겠어요.

nswer

편안할 때가 가장 위험한 법. 군대에서 가장 편안할 때는 당연히 말년
이다. 말년에는 "군대 돌아가는 거 모르겠냐고 내가. 할 만큼 했잖아. 이
쯤 되면 열심히 한 거지 뭐" 하면서 모든 게 귀찮아진다. 하루빨리 민간
인이 되고 싶다는 데만 신경이 가 있다. 그 순간에 어김없이 비극이 찾
아온다.

말년에 걸리는 감기는 오래 간다

독일의 심리학자 하인즈만은 재미있지만 잔인한 실험을 했습니다. 일명 '개구리 끓이기 실험'이 그것입니다. 일반적으로 끓는 물에 개구리를 넣으면 개구리는 밖으로 뛰쳐나옵니다. 연구진은 차가운 물에 개구리를 넣고 물의 온도를 서서히 높였습니다. 물은 어느새 펄펄 끓고, 개구리는 밖으로 나올 생각조차 하지 않습니다. 그렇게 끓는 물에 민감한 개구리가 말입니다. 숨이 끊어질 때까지도 말입니다. 온도가 천천히 올라가는 탓에 이를 알아채지 못하다가 결국 끓는 물 안에서 허망하게 죽고 말죠.

우리는 조금이라도 편안해지면 초심을 잃거나 위기의식을 망각하곤 합니다. 그게 큰 화를 불러오는 요인이 됩니다. 큰일 났다며 위기를 감지했을 때는 이미 쓰나미가 눈앞에 다가와 있죠.

이병은 매사에 조심해야 한다는 경각심을 갖고 있습니다. A급 병사로 인정받으려고 늘 긴장 상태죠. 모든 게 낯설고 어려우니 더욱 그렇습니다. 하루빨리 적응해 군인으로서 살아남아야 하기 때문입니다. 그들은 자연히 위기의식 속에서 생활하죠.

하지만 계급이 오르고 군 생활 경험도 쌓이다 보면 긴장감도 줄어듭니다. 군 생활에 익숙해져 주변에서 일어나는 일들이 척하면 척 훤히 보이기 때문입니다. 웬만한 훈련은 이미 두 번쯤 했고 어지간한 작업도 이제는 지겹습니다. 곧 전역한다는 생각이 머릿속에 차기 시작하면 군대에 미련도 없어지고 모든 일에 안이해집니다.

전역하는 그날까지 군인은 군인

그러나 환절기에 감기에 잘 걸리듯 민간인이 되어가는 기간이 위험에 가장 취약합니다. 자기도 모르게 위기의식을 상실해버리기 때문입니다. 철저한 계급구조에서 자신의 권위가 도전받을 일도 드물고, 선임도 적어 눈치 볼 일도 없죠. 자신감 또한 하늘을 찌를 듯합니다. 일종의 보상심리로 '예전에 많이 고생했으니 지금은 편해도 돼. 선임들도 그랬으니까 다들 이해해줄 거야'라고 생각합니다.

뿐만 아니라 많은 병사들이 말년을 '사회로 나가는 준비 과정'으로 여기고 있습니다. 말년에 군인과 민간인의 모습이 아슬아슬하게 공존하는 건 이 때문입니다. 서서히 변해가는 자신을 망각하는 것도 이 과정에서 일어납니다. 하지만 군인에게 환절기란 없습니다. 전역일을 기점으로 군인과 민간인으로 나뉠 뿐이며, 뚜렷한 흑백의 기준선만이 있을 뿐입니다. 군인이면서 민간인처럼 행동하는 것은 개구리가 물이 끓는다는 것을 망각하는 것과 다를 바 없습니다. 방심과 오만에 빠지는 그때, '떨어지는 낙엽'은 두렵습니다.

시간만 지나면 전역일은 자연스럽게 찾아옵니다. 몸이 근질거리고 답답하다며 섣불리 행동하다가는 고생을 자처하고 맙니다. 위험 요소가 가장 많은 마지막 순간을 차분하고 냉정하게 보내야 마무리도 잘 할 수 있습니다.

흔히 전역 마크를 개구리 마크*라고 부릅니다. 말장난 같지만, 이 개구리 마크를 무사히 달려면 끓는 물 속의 개구리를 마음속에 새겨두어야 합니다. '말년'이라는 타이틀은 그 어떤 창도 막아내는 무적의 방패가 아닙니다. 전역하는 날, 위병소를 통과하는 그 순간까지 '떨어지는 낙엽'은 여러분을 추락시킬 수 있음을 명심하기를.

낙엽처럼 사소한 것에도 끝까지 긴장을 늦추지 말아야 합니다. 초심을 유지하며 제대하는 그 순간까지 군인이라는 신분을 잊지 말아야 합니다. 그렇지 않으면 어김없이 떨어지는 낙엽의 마수에 걸려들고 맙니다. 물론 대응 방법은 있습니다. 떨어지는 낙엽에 맞지 않으려면 애초에 낙엽이 떨어지지 않도록 '본드질'해두면 됩니다. 여기에 가장 좋은 순간접착제가 있습니다. 그건 긴장감과 위기의식입니다.

민간인은 모르는 군대 용어

● 개구리 마크 | 모든 현역 군인이 갖고 싶어하는 예비군(전역) 마크를 군대식으로 일컫는 말로, 계구리 마크가 정확한 표현이다. 한반도 모양에 월계관이 있는 마크로, 월계수의 '계', 지구의 '구', 리본의 '리'를 합한 것이다.

고문관은
어떻게 만들어지는가

Question

나는 고문관이다. 이렇게 될 줄은 몰랐다. 어느 순간 이렇게 되어 있더라고. 정녕 내가 살아갈 방법은 없는 건가?

이병 전입 후에 한 차례 단합대회가 있었습니다. 입대 후 처음으로 바깥 공기를 쐬어 기분이 들뜬 저는 웃통도 벗고 바닷물에 다이빙도 하며 동기들과 즐겁게 놀았습니다. 거기까지는 좋았죠. 문제는 씨름 경기에서 벌어졌습니다.

간부님들 중에 피부가 까무잡잡하고 덩치가 커서 멧돼지를 떠올리게 하는 김 하사님이 있었습니다. 어렸을 때 대구에서 '한 씨름 했다'고 그러더군요. 신이 났는지 아무나 나와서 덤비라고 으름장을 놓았습니다. 그런데 하필 분대장님이 "요번에 새로 들어온 신병 있지 않습니까? 청소년 씨름 선수였답니다"라고 말한 거예요.

'어떡하지?' 싶으면서도 어쩔 수 없이 불려 나간 저.

막상 잡아 보니 할 만하겠더라고요. 그래서 경기가 시작되자마자 힘을 주고 씩 웃었는데……. 아뿔싸! 제가 너무 긴장한 탓에 힘을 준다는 게 그만 간부님의 바지를 벗겨버린 겁니다. 바지뿐이라면 그나마 다행인데 속옷까지 딸려 내려온 거였어요.

안 맞은 게 다행이죠. 저 그날 하루 종일 욕이란 욕은 다 먹고, 제 이름 뒤에는 고문관*, 관심병사* 등 안 좋은 건 다 붙어버렸습니다. 그리고 어느 순간 제가 정말 고문관이 되어 있는 겁니다. 정말 답답해 죽겠어요. 올해를 장식하는 전설의 고문관이 되어버렸다고요.

nswer

비운의 캐릭터라고 할까. 그런데 어리바리하고, 행동이 굼뜨고, 이해력
이 부족하고, 심하게 긴장하는 병사가 어떻게 만들어지는지 아는가? 사
람들의 기대심리로 만들어진다. 물론 애초에 적응하지 못하는 이들도
있지만, 주위에서 바보라고 하다 보니 정말 바보가 되는 경우가 대부분
이다.

간절하게 기대하라, 피그말리온처럼

기대하면 기대한 대로 된다는 것을 '기대 효과'라고 합니다. 이에 관한 그리스신화가 있는데, '피그말리온'이 그것입니다.

피그말리온은 여성을 혐오하던 키프로스의 왕입니다. 독신으로 살리라 마음먹었지만 외로웠던 그는 자신의 이상형인 여성상을 조각했고 그것을 아내처럼 대했습니다. 하지만 조각상은 늘 말이 없었고, 이에 괴로웠던 그는 미의 여신 아프로디테에게 조각상과 같은 여인을 아내로 맞이하게 해달라고 간절히 부탁했습니다. 그의 마음에 감동받은 아프로디테는 조각상에 생명을 불어넣어주었죠.

이렇듯 긍정적으로 기대하면 기대에 부응하는 긍정적인 결과가 나온다는 것을 '피그말리온 효과pygmalion effect'라고 합니다.

'똑똑한 한스'라는 이름을 가진 말이 있었습니다. 왜 똑똑하다고 했을까요? 믿기지 않겠지만 덧셈과 뺄셈, 곱셈과 나눗셈을 할 수 있는 말이었기 때문입니다. 말의 주인은 은퇴한 수학교사였습니다. 그는 자신이 말에게도 수학을 학습시킬 수 있다고 믿었습니다. 그리고 정말로 해냈죠. 주인이 간단한 사칙연산 문제를 낼 때마다 말은 숫자에 맞게 앞발을 굴렀습니다.

한스는 한동안 신기함을 뛰어넘어 관련 학자들에게 충격을 주었습니다. 하지만 나중에 학자들은 한스가 계산할 줄 알아서가 아니라 사람의 표정을 보고 반응한 것임을 밝혀냈습니다. 한스는 정답에 근접한 숫자에 다가갈 때 관중이 놀라거나 문제를 낸 주인이 흥분하는 모습을 보고 그에 맞추어 발 구르는 것을 멈춘 것입니다.

기대 효과의 핵심은, 누군가에게 기대를 가지면 그에 대한 자신의 태도나 행동 역시 영향을 받아 결국 기대한 대로 된다는 것입니다. 기대는 자신의 태도에, 자신의 태도는 상대방의 행동에 연쇄적으로 영향을 줍니다. 이 경우는 긍정적인 기대 효과라 할 수 있죠.

고문관을 만드는 건 바로 나

이와는 반대로, 부정적인 기대는 상대방을 부정적으로 바라보게 되고 결국 상대방의 부정적인 행동을 불러일으킵니다. 이런 부정적인 기대 효과를 '골렘 효과golem effect'라고 합니다. 군대에서는 골렘 효과의 희생양이 되는 경우가 많습니다. 관심병사라는 타이틀을 가진 이들이 이 무시무시한 마력의 희생양이라 할 수 있죠.

앞의 하소연처럼 별일 아닌 일인데도 어떤 식으로든 '고문관', '관심병사'라는 이름이 붙으면 대부분 군 생활 내내 그 이름이 따라다닙니다. 부정적인 이미지가 말입니다. 그러면 그 부정적인 이미지는 '쟤는 아무리 해봤자 안 돼'라는 부정적인 생각을 불러일으키기 마련이죠. 색안경을 끼고 바라보는 겁니다. 그러다 보면 잘 할 수 있는 일도 부정적인 평가나 시선이 두려워 부담을 느끼고, 평소와 달리 몹시 긴장함으로써 또 다시 실수를 저지릅니다.

그래서 관심병사의 어깨에 달아주는 노란색 견장은 오히려 악순환을 불러일으킬 수도 있습니다. '관심과 도움이 필요한 병사'라고 알리는 것이 부정적인 태도를 갖게 해, 그 병사가 부정적인 굴레에서 벗어나지 못하게 할 수도 있기 때문이죠.

기대가 사람의 의식을 얼마나 좌우하는지 생각한다면, 단순한 기대가 후임을 고문관이거나 A급 병사로 만들 수 있음을 명심하기 바랍니다. 그러니 '쟤는 못할 거야'라는 생각은 버리세요. 그런 가벼운 판단이 현실이 되기 때문입니다. 대신에 '내 후임은 A급 병사야. 잘 할 거야. 지금은 비록 어수룩하고 한심할 때도 있지만 곧 잘할 거야'라는 기대를 한껏 갖기 바랍니다. 그것이 언젠가 반드시 현실이 될 테니까 말입니다.

 민간인은 모르는 군대 용어

- 고문관 | 남들이 이해하지 못하는 행동을 자연스럽게 하는 등 군 생활에 적응하지 못하거나 무능력한 군인. 지시사항을 제대로 파악하지 못해 엉뚱한 일을 저지름으로써 선임병을 고문시킨다는 의미에서 나왔다.
- 관심병사 | 군대에 적응하지 못하는 병사를 지칭하는 말이다. 말 그대로 '관심을 갖고 지켜봐야 하는 병사'다. 정식 명칭은 '보호 관심 사병'으로, 신체적으로 이상은 없지만 군 생활에 적응하기 힘들거나 심리적인 문제 또는 질병의 보유 등으로 지속적으로 관찰하며 특별관리해야 하는 병사.

계급장도 못 이기는
내 안의 마시멜로

Question

작심삼일에서 빠져나올 수가 없다. 다짐하는
일마다 실패라니. 이런 나를 누가 좀 구해줘!

저는 계획을 세워도 며칠을 못 갑니다. 최근에 연대 대표 몸짱으로 불리는 김 병장님의 꾐에 넘어가, 거금을 들여 단백질 보충제를 샀는데 말이죠. 결국 얼마 못 가 PX 라면에 항복해서 반도 먹지 못하고 버리고 말았습니다. 인터넷으로 주문하는 순간부터 복근이 튀어나올 것 같고 외롭던 옆구리는 이제 안녕이라며 신나던 때가 엊그제인데……. 오늘도 출렁이는 뱃살을 긁으며 텔레비전 앞에 누워 있답니다.

사실 이런 게 한두 번이 아니에요. 마음만 먹으면 군대에서 더 많이 공부하고 자격증도 따서 나올 수 있다는 부모님 말에 이병 휴가 때는 영어 단어 책을 사오기도 했죠. 하지만 영어공부와 TV연등* 사이에서 고민하다가 늘 어김없이 TV연등을 택합니다. 다음에는 반드시 다짐을 실행하리라 마음먹지만 결국 어제와 다르지 않습니다. 다짐과 미룸의 반복 사이클 속에 갇혀 살고 있습니다.

저는 왜 이 모양 이 꼴일까요?

nswer

미루는 건 현재 원하는 게 시간이 지남에 따라 바뀔 수 있음을 쉽게 망각하기 때문이다. 누구나 미루고 잊어버린다. 나 역시 습관의 노예가 될 수 있음을 하루빨리 인정하는 게 현명하다.

'오늘 하루 쉬고 해도 되겠지'

훗날 원하는 것과 지금 원하는 것이 다르기 마련인데 사람들은 그 사실을 쉽게 잊어버립니다. 당장 급한 것을 위해 계획을 세우지만 시간이 지나면서 다른 유혹에 빠져 다짐했던 계획을 계속 미루죠. 이러한 계획과 지연의 반복된 사이클은 군대에서도 흔히 찾아볼 수 있습니다.

군 복무 동안 잃는 게 많다고 생각합니다. 하루하루 최선을 다해 시간을 보내야 뒤처지지 않는다고 생각하죠. 그래서 영어 공부도 해야 하고, 취직 준비를 위해 자격증도 따야 하고, 복학 준비도 해야 하고, 열심히 운동도 해야 한다고 생각합니다. 하지만 결과는 어떤가요? 어느 순간 그것들과 상관없는 유혹에 빠져 있는 자신을 발견합니다.

윗몸일으키기나 팔굽혀펴기보다는 PX에서 파는 맛있는 냉동식품이나 라면에 끌리고, 읽어야 할 책 목록은 나날이 쌓이지만 가족이나 지인들과의 전화나 인터넷이 더 좋습니다. 복학이나 취업을 대비한 영어공부는 밀려 있지만, 하루 종일 열심히 작업하고 훈련한 자신에게 '하루쯤 쉬면서 TV를 봐도 되겠지'라는 선물을 안겨주기에 바쁩니다.

그렇게 시간은 무심히 흘러가고, 어느새 전역의 문턱에 다다르자 '아무것도 이룬 게 없구나' 하며 한숨만 나옵니다.

이럴 때 흔히 다이어리를 사서 열심히 계획하고 실행해보라고 조언합니다. 하지만 본질적인 문제는 그게 아니죠. 문제는 시간관리를 제대로 하지 못한 탓이 아니라, 이런 계획과 실패를 반복하는 '현재편향present bias'의 노예라는 것을 인정하지 못한다는 것입니다. 현재 자신이 원하는 것이 시간이 지남에 따라 바뀔 수 있음을 망각하는 것입니다.

'마시멜로의 유혹'에 빠지는 진짜 이유

심리학자인 월터 미셸Walter Mischel 박사는 다음과 같은 실험을 했습니다.

실험실에 아이들에게 과자를 준 다음 재미있는 제안을 합니다.

"여기 있는 과자를 당장 먹어도 좋고 나중에 먹어도 좋아. 하지만 몇 분만 참는다면 과자 두 개를 더 줄게."

어떻게 되었을까요? 참가한 아이들 중 3분의 1이 유혹을 견디지 못하고 앞에 있는 과자를 집어들었습니다. 여기서 실험이 끝난 건 아닙니다. 미쉘 박사는 이 실험에 참가한 아이들이 청년이 될 때까지 그들의 삶을 지켜보았습니다. 흥미롭게도 앞선 제안에서 기다리고 참을 줄 알았던 아이들의 대학 입학시험 점수가 유혹을 견디지 못한 아이들보다 높았습니다.

이 실험에서 중요한 점은, 유혹을 이겨낸 아이가 유혹을 이겨내지 못한 아이보다 머리가 더 똑똑하다는 게 아니었습니다. 그들은 더 나은 결과를 위해 현재의 욕망을 절제하는 자제력을 갖고 있었습니다. 자신이 가진 여러 가지 옵션 중 최상의 것을 선택하는 법을 알고 있었죠.

이렇게 자신이 사고하는 방식을 생각하고, 자신의 능력을 누구보다 잘 알고 있으며, 그에 따라 적절한 계획을 세우는 것을 '사고에 대한 사고'라고 말합니다. 전문 용어로는 '상위 인지Metacognition'라고 부릅니다.

해야 할 것보다 하고 싶은 것에 끌리기 십상입니다. 계획과 상관없는 엉뚱한 유혹에 빠지는 것도 그런 이유 때문이죠. 따라서 미래에 빠질 유혹을 예측하고 그에 대비하는 방법을 마련해두어야 합니다. 그게 상위 인지의 시작이죠. 시간을 잘 관리하는 것이 우선이 아니라 '나는 어떤 사람인가?', '유혹에 얼마나 약한 사람인가?', '이 유혹은 어떻게 극복해야 하나?' 등을 먼저 생각하는 것이 중요합니다.

군대 내에도 수많은 '마시멜로'가 있습니다. 조직 특유의 유혹이 여기저기에 도사리고 있죠. 그런 유혹 때문에 미루는 습관이 더 심해지기도 합니다. 옆에서 잔소리하며 나를 다잡아줄 부모나 멘토도 없죠. 그러니 근본적인 대책을 찾아야 합니다.

유혹을 피하려고만 하기보다는 내가 어떤 유혹에 흔들리고 빠져드는지 살펴보세요. '자신에게 가장 훌륭한 스승은 자기 자신'이라는 말이 있습니다. 텔레비전이라는 유혹에 빠져 계획을 지키지 못한 적이 있다면 앞으로도 그런 실수를 반복할 가능성이 있습니다. 이렇게 자신이 어떤 사람인지 객관적으로 바라보는 시간이 절실합니다.

보충제보다 먼저 챙겨야 할 것

지금 당장 500만원을 받는 것과 2년을 기다린 후 700만원을 받는 것 중 어떤 것을 선택하겠습니까? 십중팔구 지금 500만원을 받겠다고 할 것입니다. 그렇다면 10년 후에 500만원을 받는 것과 11년 후에 700만원을 받는 것 중에는 어떤 것을 택하겠습니까? 분명히

11년을 기다려 700만원을 받겠다고 하겠죠.

사람들은 둘 다 기다려야 하는 경우에는 이성적으로 선택하지만 기다리지 않아도 되는 눈앞의 보상에는 쉽게 유혹 당합니다. 이처럼 현재가 미래보다 중요해 보이고, 시간이 지남에 따라 과거의 계획이 중요하지 않은 것으로 여기는 걸 '과도한 가치 폄하'라고 합니다. 헬스를 하려고 단백질 보충제를 사놓고는 컵라면 앞에 굴복하고, 영어공부를 하겠다더니 TV연등에 두 손 들고 항복한 것도 이런 이유 때문이죠.

'오늘이 아니라도 되겠지. 내일 해도 좋아'라는 과도한 낙관주의는 금물입니다. 때가 되면 할 수 있을 거라는 생각은 적절하지 못합니다. 미루는 습관은 인간의 본성입니다. 자신은 미루는 습관이 없다고 생각하거나 시간관리를 잘 한다고 생각한다면 보기 좋게 현재편향의 노예가 될 것입니다.

물론 작업마다 구체적인 마감일을 정해놓고 실행하는 것도 현명한 방법이겠죠. 하지만 자기 자신의 습성을 정확하게 아는 것은 그보다 더 현명합니다. 유혹의 구덩이에 빠질 수 있는 미래의 자신을 위해 지금이라도 대처 방법을 궁리해보세요. 세이렌의 노래를 듣고 유혹 당할 것을 예상해 미리 밀랍으로 귀를 막아버렸던 오디세우스처럼 자신이 당할 유혹을 예측해보는 것입니다. 그러면 익숙한 유혹에도 당황하지 않고 헤쳐 나올 수 있을 테니까요.

헬스를 하고 싶다며 무작정 단백질 보충제를 구입하기 전에 이 말을 꼭 명심하세요.

'네 자신을 알라!'

 민간인은 모르는 군대 용어

● TV연등 | 연등은 '등불을 밝히다'는 뜻으로, 취침 시간에 잠을 자지 않고 다른 일을 할 때, 그 일 뒤에 연등이라는 말을 덧붙인다. 따라서 TV연등은 이 시간에 텔레비전을 보는 것.

9
episode

나만 모르는
'따뜻한 커피'의 비밀

Question

불시에 들이닥칠 검열이 걱정이다. 검열관이
나 사람들의 마음을 얻는 비장의 무기 좀 알려
주세요!

신나게 족구를 하고 있는데 갑자기 행정보급관님이 부릅니다.

"내일 중대에 불시검열 나온다."

"네?"

"우리 부대는 특별히 문제될 거 없잖아?"

문제될 게 없기는 무슨! 그 중요한 걸 왜 전날 알려줍니까? 미치겠네.

그까짓 거 그냥 하면 되지 왜 겁을 내냐고요? 행정병*들에게 '검열'*은 '바빠서 죽거나 혼나다가 죽을 거야'라는 사형선고나 마찬가지입니다. 편해 보이는 꿀보직 행정병을 한 방에 날려버리는 게 검열이죠. 일주일 전부터 밤새워 준비해도 시원찮을 판에 내일이라니⋯⋯.

평소에 준비를 잘했으면 다행이지만 행정 업무가 그런 게 아니거든요. 어쩔 수 없는 허점이 생긴단 말입니다. 그게 들통 나면 간부님께 털리고 선임한테 까이고⋯⋯. 벌써부터 정강이가 저려옵니다.

내일, 검열을 어떻게 받죠? 혹시 검열관의 마음을 얻는 비장의 무기 같은 거 없을까요?

Answer

검열관도 사람이라는 점을 잊지 말기를. 업무를 잘 모르는 검열관이 와서 수다만 떨고 가거나, 검열을 하기는 하지만 본인도 귀찮아 슬렁슬렁 보기만 하는 경우도 있다는 것. 물론 하나에서 열까지 딴죽을 거는 집요한 검열관도 있지만, 그래도 그들도 사람이다.

내가 늘 결재판을 준비하는 이유

심리학자인 조슈아 에커만Joshua Ackerman과 크리스토퍼 노세라 Christopher Nocera, 존 바르그 John Bargh는 사람들의 행동과 결정은 예기치 않은 여러 요소에 의해 무의식적으로 영향을 받는다고 말합니다. 특히 촉각적인 자극이 사람들의 결정을 바꿀 수도 있다는 것을 실험으로 밝혀냈죠.

한 예로, 실험 참가자 54명에게 여러 사람들의 이력서를 주고 평가하도록 했는데, 신기하게도 그들은 무거운 클립보드에 끼워져 있는 이력서의 지원자를 진지하고 '무겁게' 평가했고, 가벼운 클립보드에 있는 이력서의 지원자는 덜 진지하고 '가볍게' 평가했습니다. 그들이 느낀 클립보드의 무게감이 이력서의 중요도와 지원자를 대하는 태도를 바꾼 것입니다.

　이게 다가 아닙니다. 다른 실험에 따르면, 자동차를 사는 데 돈을 얼마나 지불할지 알아볼 때도 앉는 의자의 종류가 결정에 영향을 미쳤다고 합니다. 딱딱한 의자에 앉아 흥정하는 사람은 부드러운 쿠션에 앉은 사람보다 무려 39퍼센트나 가격을 낮출 수 있었다고 합니다. '딱딱한' 의자가 '견고하다', '단단하다', '안정적이다'라는 감정을 불러일으켜 협상에서 강하게 밀어붙일 수 있었죠.

　"사람의 행동 및 결정은 일상생활에서 경험하는 촉각이나 후각과 같은 감각 운동의 영향을 받는다"는 것을 심리학자들은 '체화된 인지 오류embodied cognition theory'라고 부릅니다.

　이 이론을 어떻게 나만의 노하우로 삼을 수 있을까요? 군대의 행정병은 여러 업무를 맡아 다양한 사람과 마주해야 합니다. 특히 검열은 짧은 시간 동안 상대방에게 긍정적으로 어필해야 하는 까다로운 작업입니다. 체화된 인지 오류는 이런 순간에 발휘해야 할 힌트입니다.

　예전에 굉장히 직설적이고 시니컬한 중대장님을 모신 적이 있습니다. 하루는 중대장님이 행정병 후임이 결재판 없이 서류만 들고 오자 "달랑 한 장 들고 온 거야? 가벼운 녀석일세"라고 말씀하셨습니다. 여기에 중요한 심리학적 힌트가 있습니다. '결재판을 준비하지 않았다'는 점이 그 병사를 '가벼운 사람'으로 여기게 한 겁니다.

그 일이 있은 후 저는 중요한 업무 서류를 보고할 때는 항상 묵직한 결재판을 준비하라고 분대원에게 충고하곤 했습니다.

허점을 노리고, 이를 활용하라

이처럼 사람을 대할 때는 주변 요소들을 최대한 활용해야 합니다. 검열관에게 '따뜻한 커피'를 한 잔 내어주라는 건 그래서입니다. 그것이 검열관에게 처음 보는 여러분을 무의식적으로 '따뜻한 사람'으로 여기게 하기 때문입니다. 중량감 있는 결재판과 따뜻한 커피에는 단순히 예의를 넘어, 촉각에 민감한 무의식을 움직이는 섬세한 마력이 존재합니다. 이는 행정병 업무뿐만 아니라 어느 조직에서나 통하는, 모르면 손해 보는 비밀입니다.

누구나 생각하는 것보다 촉각과 같은 감각기관에 속기 쉽습니다. 따뜻한 커피는 따뜻한 마음을, 가벼운 서류철은 가볍다는 인상을, 딱딱한 의자는 상대방을 대할 때 딱딱한 태도를 무의식중에 불러일으킵니다. 이는 인지 오류입니다. 따라서 상대방을 대할 때나 중요한 결정을 내릴 때, 혹시 자신이 이에 속고 있지는 않은지 돌아보고 객관적으로 상황을 살펴보기 바랍니다.

물론 항상 따뜻한 커피만 대접하거나 무거운 결재판을 가져가라는 말은 아닙니다. 협상할 때 무조건 딱딱한 의자에만 앉으라는 것도 아닙니다. 땀이 비 오듯 흐르는 무더운 여름에 아이스커피를 건네거나 바쁜 스케줄 속에서는 간결한 결재서류를 준비해 상대방에게 부담을 주지 않는 게 좋겠죠. 긴장감이 도는 토론이라면 간혹 부드러운 소파에 앉아 안정을 취하는 것도 좋습니다. 때에 따라 적절하게 사용할 줄 알아야 합니다.

 민간인은 모르는 군대 용어

● 행정병 ┃ 보통 행정병이라고 하면 병사나 간부 들과 관련된 일을 처리하는 인사계원, 문서 보안 및 통신을 담당하는 중대 통신병, 정신교육과 교육 훈련을 관리하는 교육계원, 무기와 장비를 관리하는 병기계원, 물품과 재산을 관리하고 보급하는 보급계원을 말한다.

● 검열 ┃ 상급 부대에서 하급 부대가 제대로 하고 있는지 검사하러 오는 것. 보안감사, 교육검열, 인사 행정 검열 등 종류는 많은데, '악마 레벨' 급 검열은 전지검으로 줄여 부르는 전투지휘 검열이다. 이 검열이 오면 야근은 필수. 평소에 확실하게 준비해놓았다고 해도 신경 쓸 것이 많다.

10
episode

마음이 흔들릴 때,
1분을 즐겨야

Question

여러 훈련을 치르고 나니 이제는 훈련이 싫다. 힘들다기보다는 지겹다. 이런 나를 구제해줄 수 없나?

요즘 미칠 것만 같아요. 군인인데도 훈련이 그냥 싫어요. 1년 정도 지나니까 한 번씩 다 뛰어본 훈련이기도 하고요. 제가 다른 병사들보다 이해력과 수행력이 빠르다 보니 저한테 의존하는 경우도 많더라고요. 알잖아요. 군대에서는 잘 하면 오히려 더 떠넘기는 거요. 그래서 요즘 들어 부쩍 많아진 훈련 때문에 스트레스가 이만저만이 아닙니다.

사실 꼴도 보기 싫은 후임이나 선임 대하는 것보다 훈련 나가는 게 더 힘들고 싫어요. 저는 100킬로미터 행군도 해봤고, 군번이 꼬여서 유격도 두 번이나 뛰었죠. 9월에 유격장에서 얼어죽는 줄 알았지 말입니다.

얼어죽는다는 말을 꺼내니까 갑자기 혹한기 훈련도 생각납니다. 야외에서 맛다시®에 밥과 참치를 비벼 먹는 것도 한두 번 해야 추억으로 끝나죠. 이제는 생각하기도 싫습니다. 이번에 하는 건 전투 준비 태세 훈련인데…….

말 그대로 그냥 싫어요. 어쩌면 좋죠? 군인이지만 온갖 훈련에 진저리가 쳐지는 저를 위한 팁, 혹시 있을까요?

Answer

훈련에 지치고, 하나하나가 마음에 들지 않는 지금 필요한 건 1분. 훈련에 임하기 직전뿐만 아니라, 싫어하는 후임과 선임을 만나기 직전, 딱 1분만 자신을 행복하게 만드는 단어들을 떠올려볼 것. 믿기지 않겠지만 그 1분의 점화 효과는 대단하다.

　'점화 효과priming effect'란 먼저 접한 단어가 나중에 접한 단어나 생각에 영향을 미치는 것을 말합니다. '훈' 자로 시작하는 단어를 떠올려보세요. 무엇이 가장 먼저 떠오릅니까? '훈련'이겠죠. 훈장, 훈계, 훈수 등등 여러 단어가 있는데 왜 하필 '훈련'이 먼저 떠올랐을까요? 이 글을 읽는 동안 '훈련'이 이곳저곳에서 등장했기 때문이죠. 이 단어가 여러분의 사고에 결정적인 불씨가 된 것입니다.
　심리학자인 존 바르그John Bargh와 그의 동료들이 진행한 실험을 살펴볼까요.
　그들은 실험 참가자들 중 일부에게 '주름', '건망증', '흰머리' 등 늙음을 연상시키는 단어들을 보여주었고, 나머지 참가자들에게는 무작위로 선택된 단어들을 보여주었습니다. 그런 다음, 모든 참가자의 행동을 관찰했는데, 늙음을 연상시키는 단어를 본 참가자들은 그렇지 않은 참가자들보다 더 느리고 힘없이 실험장을 빠져나왔습니다. 늙어서 쇠약해진 노인처럼 말입니다. 늙음을 연상시키는 단어가 머릿속에서 점화되어 행동에까지 영향을 미친 것입니다.

그렇다면 이 점화 효과를 군대에서 어떻게 사용할 수 있을까요? 훈련이 지긋지긋해서 괴롭다면 훈련 전날, '재미있다', '할 수 있다', '기대된다' 등의 단어나 자신을 즐겁게 해주는 것들을 1분만이라도 마음속으로 되뇌어봅시다.

허구한 날 시비를 걸어와 짜증나는 선임이나 말을 듣지 않아 고생시키는 후임이 있다면 '충분히 그럴 수도 있다', '사정이 있을 거다' 등이나 과거에 행복했던 일들을 떠올려보세요. 검열에 시달리는 행정병이라면 내일 찾아올 검열관이 분명 착하고 따뜻할 거라는 이미지를 머릿속에서 점화시켜보세요. 그러면 마음과 행동이 전과는 달라질 것입니다.

이런 자기암시 훈련으로 만반의 준비를 한다면 전투 현장에서도 승리할 수 있는 것 아니겠습니까. 셀프 마인드 컨트롤이죠.

 민간인은 모르는 군대 용어

● 맛다시 | 군인들이 밥에 비벼 먹는 고추장 양념으로, 다진 쇠고기가 들어 있어 감칠맛을 낸다. 고추나라 맛다시와 산채 비빔 맛다시, 두 종류가 있으며, 이 중 고추나라 맛다시가 좀 더 매운 편이다.

11
episode

군대에서도 통하는
give and take

Question

군 생활 참 잘한다 싶을 만큼 잘 베푸는 후임
이 있는데, 나보다 어리지만 부럽고 존경스
럽다. 그처럼 되고 싶은데……．

군대도 사람 사는 곳이라는 게 절실히 느껴집니다.

후임이 둘 있습니다. 그런데 이 녀석들, 군 생활 참 잘한다는 생각이 드는 게, 사람의 마음을 살 줄 안다는 겁니다.

한 명은 행정병, 한 명은 취사병인데요. 우선 행정병은 정말 인맥의 왕입니다. 사소한 부탁들을 참 잘 들어줘요. 너무하다 싶을 정도로 말이죠. 덕분에 연대 내에서 모르는 애들이 없어요. 성격도 엄청 좋죠. A4 용지가 부족하다 싶으면 그가 알아서 다른 중대에 가서 말솜씨 하나로 빌려옵니다.

가끔은 저희 중대 간부님들께 욕도 먹긴 합니다. 옆 중대에서 부탁하는 일이 있으면 타 중대인데도 손 발 뻗고 다 도와주거든요. 그런데 결과적으로 그게 이득이 되더라고요. 그가 하도 다른 중대에 덕을 베풀고 다닌지라, 저희 중대에 무슨 일이 있으면 다들 도와주려고 하거든요.

취사병은 제 바로 아래 후임인데, 사람의 마음을 살 줄 압니다. 맛있는 게 나오는 날이면 꼭 제게 내밀면서 "이 병장님 드리려고 제가 특별히 맛있는 것만 남겨 놓은 겁니다"라고 말하죠. 그러면 기특하고 예뻐 보이는 건 너무나 당연하죠. "제가 오늘 특별히 신경 써서 만들었는데, 맛있지 않습니까?"라고 말하는데, 호감이 안 갈 리가 없는 거죠.

군 생활 잘한다는 애들은 이유가 있다니까요. 이렇게 사회생활 잘하는 애들 따라잡는 법, 가르쳐주세요!

nswer

군대에서는 작은 호의가 큰 효과를 발휘한다. 가는 정이 있어야 오는 정도 있다고 말하지 않는가. 호의를 베풀면 결국은 돌려받는 법. 거창한 음식을 해주거나 어려운 부탁을 들어주어야 한다는 부담은 갖지 않아도된다.

시식한 제품을 사는 이유

상대방에게서 받은 만큼 보답하는 건 자연스러운 일로 여겨집니다. 우리 사회의 당연한 가치관이기도 하죠.

음식점 카운터에 가면 손님들이 입가심할 수 있도록 껌이나 사탕을 비치해두는데, 우리는 그것을 자연스럽게 집어 옵니다. 대형마트에 가면 시식음식을 먹곤 하는데, 그 음식을 먹다 보면 자연스럽게 그 상품을 사야 된다고 생각합니다. 뿐만 아니라 제과회사들이 "밸런타인데이 때 받은 고마움을 표현하세요"라며 화이트데이 마케팅을 펼치는데, 이 역시 '주거니 받거니', 즉 호혜의 법칙을 따르는 것입니다.

이는 너무나 당연한 가치관이기에 보답하지 않으면 법이라도 어긴 것처럼 느껴지고, 나도 돌려주어야 하지 않을까 하는 의무감을 느낍니다.

1971년, 코넬대학교의 심리학자 데니스 레건Dennis Regan은 이런 '사람들은 자신이 받은 호의에 자기도 모르게 보답해야 한다고 생각한다'는 것을 실험으로 증명했습니다.

실험 참가자들은 미술작품을 평가해달라는 부탁을 받습니다. 그때 실험실에는 가짜 참가자들이 함께 있었는데, 쉬는 시간 동안 밖에 나갔다 오도록 했습니다. 그런 다음 "제가 나갔다 오는 길에 목이 말라서 음료수를 사 먹어도 되냐고 물어봤거든요. 된다기에 혹시 목마르실까 봐 그쪽 것도 사 왔어요"라면서 음료수를 내밉니다. 그리고 실험이 끝난 뒤 가짜 참가자들은 상대방에게 혹시 추첨식 복권을 사줄 수 있느냐고 부탁합니다. 어땠을까요? 콜라를 받은 참가자들이 받지 않은 참가자들보다 두 배 이상 복권을 사주었습니다.

행동심리학자인 데이비드 스트로메츠David Strohmetz는, 레스토랑 손님들에게 계산서와 함께 약간의 사탕이나 과자를 제공하자 손님들로부터 평균적으로 최고 23퍼센트까지 팁을 더 받았다고 밝혔습니다.

이처럼 '받았으니 베풀어야 한다'는 건 우리 생활에 자연스럽게 뿌리내리고 있습니다.

사소하지만 절실한 것을 선물하라

그렇다면 군대에서 이 호혜의 법칙을 100퍼센트 활용할 수 있는 방법은 없을까요? 우선, 큰 것보다는 작은 것을 공략하는 게 좋습니다. 군인의 수준에 맞는 호의를 베푸는 거죠.

가끔씩 선임의 점수를 따려고 휴가나 외박 기간에 자신의 형편에 맞지 않는 물건이나 음식으로 공세를 펼치는 경우가 있습니다. 이런 방법은 속이 뻔히 보일 뿐만 아니라 오히려 부담을 줄 수 있습니다.

작고 사소한 사탕 하나가 팁에 엄청난 영향을 미쳤다는 것을 기억해야 합니다. 선임이나 후임이 빨래를 정리할 때 거들어주거나, 숟가락과 같은 작은 물건을 빌려주는 것 말입니다. 혹은 더운 날에 열심히 작업하고 있는 동기들에게 시원한 음료수를 사다 주세요. 이런 작은 호의는 누구나 쉽게 할 수 있습니다. 이런 호의들이 쌓여 마침내 상대방의 마음을 이끌어냅니다.

호의는 개인적일 때 효과가 배가 됩니다. "이 병장님만을 위한 선물입니다"라고 말하며 호의를 베풀던 취사병은 이런 면에서 센스가 있습니다. '이 병장님만'이라는 표현이 지극히 개인적인 호의라는 것을 각인시켜준 거죠.

사람들은 이처럼 상대방에게서 받은 것이 개인적이고, 때로는 예상 밖의 놀라움을 동반할 때 더 큰 감동을 받습니다. 가령, 모든 여자에게 잘해주는 남자에게 끌리는 여자는 없을 겁니다. 오직 자신만을 특별하게 대해줄 때 마음을 여는 법이죠. 그런 맞춤식 공략이 필요합니다.

이때 중요한 점이 있습니다. 상대방 역시 내가 베푸는 게 호의라고 여기도록 해야 합니다. 혼자서만 호의라고 생각한다면 의미 없는 행동입니다.

가끔 상대방을 도와주고는 '도와주었는데 왜 나를 도와줄 생각은 하지 않을까?'라며 보상받고 싶은 적이 있을 겁니다. 그건 소심하거나 상대방이 무던해서가 아닙니다. 하지만 정신없이 지내다 보면 도움을 받았던 것이 잊히기 마련입니다. 그럴 때는 "이 병장님, 혹시 그때 음료수는 맛있게 드셨습니까?"라든지, "그때 제가 잠깐 도와드렸던 건 괜찮으셨습니까?"라는 식으로 '도움'에 포인트를 맞춰 상대방을 상기시켜주는 것도 좋은 방법입니다. 물론 '내가 도와줬으니 이제는 네 차례'라는 뉘앙스를 풍겨서는 곤란하겠죠.

사실 하루하루가 힘든 군대에서 남에게 호의를 베풀기란 쉽지 않습니다. 자기 몸 하나 챙기기도 버거운데 언제 다른 사람까지 챙기느냐 할 수도 있습니다. 하지만 호혜의 법칙을 생각한다면 사소한 것이라도 베풀어보는 건 어떨까요? 이로써 되로 주고 말로 받는 법이니까요.

12
episode

한꺼번에
다 말하지 마라

Question

보던 영화가 끊기거나 듣던 얘기가 중단되면
도저히 참을 수가 없다. 나만 이런 건가?

미치겠어요! 요즘 TV연등 시간에 영화 보는 것에 푹 빠져 있는데 말이죠. 그런데 이놈의 방송국은 꼭 재미있는 장면에서 툭 잘라버리고 광고만 주구장창 내보내네요. 웃긴 건, 저는 그걸 끝까지 기다려서 영화를 다 보고 자야만 직성이 풀린다는 겁니다. 제가 궁금한 건 못 참는 성격이거든요. 광고 시간에 잠깐 누워 있다가 잠들어버린 날이나 연등시간이 넘어서 텔레비전을 꺼야 하는 날이면 다음날 눈을 뜨자마자 영화의 잔상이 머릿속을 가득 채운다니까요.

또 있어요. 제가 싫어하는 후임이 어떤 부류인지 아세요? 이야기를 하다가 뚝 끊고서는 "아, 아닙니다!"라고 하는 치들이에요. 술술 잘 나가다가 아니라면서 돌아서는 거예요! 그러면 저는 답답해 미칠 것 같아서 "도대체 뭐였는데?"라고 물을 수밖에 없죠.

궁금하면 못 참는 제 성격, 이상한 건가요?

nswer

전혀 이상하지 않다. 그건 미완성의 묘미 때문이다. 사람은 자신이 끝낸 일보다는 미완성으로 남아 있는 일에 미련이 남기 마련.

사람들은 자신이 끝내지 못한 일에 집착하곤 합니다. 떠올려보세요. 여러분도 미련 속에 살고 있지 않나요? 가고 싶었지만 가지 못했던 대학, 사고 싶었지만 사지 못했던 물건, 우울하게 끝난 이성관계……. 자기도 모르게 되새김질하듯 그것을 떠올리죠. 그런데 반대로 깔끔하게 마무리된 일은 어느새 잊어버리고, 즐겁게 다녀온 여행지 역시 잘 기억나지 않고, 한때 몸에 늘 지니고 다녔던 MP3 플레이어는 어디에 처박혀 있는지도 모릅니다.

러시아의 심리학자 블루마 자이가르닉Bluma Zeigarnik은 이런 불완전한 기억에 관심을 갖고 몇 가지 실험을 했습니다. 그녀는 한 실험에서, 피험자들에게 퍼즐 조각을 맞추거나 구슬로 목걸이를 만드는 등 손쉽게 할 수 있는 일을 하도록 했습니다. 그런 다음 그들이 일을 끝마치기 직전에 실험을 종료하겠다고 말했죠. 그 후 그녀는 그들에게 자기가 무슨 일을 하고 있었는지 기억해보라고 물었습니다. 그런데 신기하게도 그들은 자신이 이미 완성한 일보다 끝내지 못한 일을 두 배나 더 잘 기억해냈습니다.

자이가르닉은 심리적 긴장 상태 때문에 끝내지 못한 일에 미련이 생긴다고 말합니다. 의식이 완성하지 못한 일에 신경 쓰고 긴장하게 함으로써 그것을 어떻게든 끝낼 수 있도록 유도한다는 것입니다. 이것이 사지 못한 물건이나 하지 못한 일에 끈질기게 집착을 보이는 이유입니다. 하지만 이는 달리 해석하면, 무엇인가를 가르칠 때는 여러 번의 휴식으로 호기심을 자극할 필요가 있다는 뜻이기도 합니다.

그렇다면 이 '자이가르닉 효과', 즉 미완성 효과를 군대에서 어떻게 적용할 수 있을까요?

미완성 효과는 후임 교육에 매우 효과적입니다. 영화 감상을 방해하던 광고에서 힌트를 얻어야 합니다. 적절한 휴식을 주어 후임의 심리적 긴장을 불러일으키는 거죠.

무엇인가 가르치려 할 때 한 번에 방대한 양의 정보를 주입하는 건 좋지 않습니다. 모든 정보가 주입되고 나면 '이제 알 만큼 다 알았어'라며 긴장감이 떨어지기 때문이죠. 따라서 주특기 교육과 같은 시간에 쉴 틈이 반드시 필요합니다. 후임의 심리적 긴장감과 호기심을 자극해 더 알고 싶은 갈망을 이끌어내는 겁니다. 지식을 주입시키는 것이 아니라 본인이 지식을 향한 열정을 가질 수 있도록 만들어주는 거죠.

물론 이 미완성 효과는 교육용뿐만 아니라 실생활에서도 활용할 수 있습니다. 흔히 입담 좋기로 소문이 난 이들이 자주 활용하는 방법이기도 하죠. 사람들을 불러 모아 이야기할 때, 클라이맥스 직전에 이야기를 갑자기 중단합니다.

"잠깐, 화장실 좀……" 이렇게 말입니다. 사람들은 화장실을 다녀온 그를 붙잡고 "그래서 어떻게 됐는데?"라며 보챌 것입니다. 이처럼 자신만의 예고편을 만들어 본편에 대한 설렘을 갖게 하는 것, 이게 미완성 효과의 묘미입니다.

군대
심리학

2장

선임에게 인정받는
후임의 비밀

13
episode

"당해도 싸다"는
선임 앞에서

Question

선임이 나만 갈궈 미칠 것 같다! 내가 당해도 싸다는 거다. 이 선임은 나한테 왜 이러는 걸까?

저는 말수가 매우 적은 편입니다. 체격도 왜소하고 행동도 여성스럽습니다. 목소리도 기어들어가곤 해서 자신감이 없어 보인다는 말도 많이 듣죠. 체구가 작아, 가장 작은 사이즈의 군복을 입을 때조차 펑퍼짐해서 우스꽝스럽다고 놀림 당하는 일도 많습니다. 이 때문에 짓궂은 선임들의 먹잇감이 되곤 합니다.

사실 학교 다닐 때도 따돌림을 많이 당했죠. 그런데 군대까지 와서 이렇게 계속 따돌림을 당하니 미쳐버릴 것 같습니다. 게다가 제게 폭풍 갈굼을 몰아치는 악질 선임이 한 명 있는데, 저한테 뭐라고 하는지 아세요?

"네가 늘 그 모양이니까 이러는 거 아냐! 당해도 싸!"

제가 대체 뭘 잘못한 겁니까?

nswer

사람들은 불행한 결과를 가해자가 아니라 희생자 탓으로 돌리는 경향

이 있다. 착한 사람은 항상 상을 받고 악한 사람은 언제나 벌을 받는다

고 생각한다. 그렇게 생각해야 자신이 열심히 했을 때 보상받으리라는

심리적 안정감이 생긴다. 하지만 세상은 공정하지 않다.

당해도 좋은 사람은 따로 있을까

신나는 음악이 울려 퍼지는 클럽. 늘씬한 미녀가 속옷이 다 드러나 보이는 복장으로 출구를 나섭니다. 술에 잔뜩 취한 그녀는 정신을 잃고 아무도 없는 어두컴컴한 골목에 들어섭니다. 그리고 얼마 후, 그녀는 괴한으로부터 성폭행을 당하고 맙니다.

이 경우, 누구의 잘못이라고 생각합니까? 무슨 일이 생길지도 모르는 늦은 밤에 누가 혹할지도 모를 야한 복장으로 누구나 마음 조이는 위험한 거리를 배회한 그녀에게 책임이 있나요? 학창 시절, 따돌림 당했던 친구를 생각해보세요. '당하는 애가 이상하니까 당하는 거지'라며 피해 학생이 자초한 일이라고 생각한 적이 있지는 않나요?

왜 그렇게 생각한 걸까요? 그건 불행한 결과를 희생자의 탓으로 돌리기 때문입니다. 자신이라면 좀 더 현명하게 행동했을 테고, 당연히 그런 불행한 결과가 일어나지 않았으리라고 말입니다. 대부분은 "성폭행 당할 일을 하지 마라"거나 "선임에게 놀림 받을 짓을 하지 마라"고 반응합니다.

하지만 비난받아 마땅한 건 소심하고 왜소한 후임이나 그녀가 아닙니다. 그들에게 폭행을 가한 가해자들이죠.

현실은 결코 동화 속 세상이 아니다

우화나 동화에서는 착한 사람이 이기고 악한 사람이 집니다. 그래야 착하게 살아야 한다는 교훈을 줄 수 있죠. 세상이 공평하고 정의롭다고 믿어야 더 안심되고 편안하기도 합니다.

심리학자들은 '모든 일은 반드시 바른길로 돌아간다'는 사필귀정의 규칙이 통하는 세상에 살고 있다고 믿는 심리를 '공평한 세상 오류just-world hypothesis'라고 부릅니다. 이런 심리로 인해 우리는 불행한 상황에 처한 사람을 보면 자연스럽게 '당해 마땅한 일을 했겠지'라고 생각합니다.

거리에서 폭행당한 사람, 성추행 당한 사람, 알코올중독에 빠진 사람……. 누구나 얼마든지 그런 사람이 될 수 있고 그런 상황에 처할 수 있죠. 하지만 그들이 잘못해서 그렇게 되었다고 여겨야 훨씬 안전하게 느껴집니다. 그렇습니다. 그래야 '평범한' 나는 절대 그런 불행에 빠지지 않으리라 안심할 수 있습니다.

사회심리학자인 멜빈 레너Melvin Lerner와 캐롤린 시몬스Carolyn Simmons는 다수의 여성을 모아 놓고 다른 여성이 퀴즈를 틀릴 때마다 전기충격을 받는 모습을 보여줍니다. 물론 실험 참가자들은 그 여성이 전기충격을 받는 연기를 하고 있다는 사실을 모르죠. 실험을 마친 후, 연구진은 참가자들에게 전기충격을 받고 있는 여성의 외모와 성격을 묘사해달라고 합니다. 그런데 놀랍게도 참가자들 대부분이 처음 본 그녀의 외모나 성격을 헐뜯는 경우가 많았고, 은연 중에 그녀가 전기충격을 당해도 마땅하다고 말합니다. 이런 경우는 군대에서도 쉽게 찾아볼 수 있습니다.

처음 이병으로 자대에 왔을 때를 생각해보죠. 자대에 첫발을 내디딘 후 변화된 환경에 적응하려고 주위를 예민하게 관찰합니다. 그러면서 선임들의 정보를 수집하기 시작하죠.

그런 어느 날, 생활관에 앉아 있다가 우연히 일병이 간부에게 혼나는 모습을 봅니다. 선임들도 그 일병을 툭툭 치거나 그에게 빈정거리면서 지나갑니다. 그 광경을 지켜본 뒤, 그 일병이나 사건의 전말을 알지도 못하면서 그 일병을 '어딘가 좀 모자라는 선임인가 보다'라고 생각합니다.

그러면서 그 선임을 부정적으로 생각하고, 그 생각은 갈수록 쌓이죠. 혼날 일을 해서 혼났을 거라고 말이죠. 사실 군대 생활을 조금이라도 해본 남자라면 이유 없이 혼나는 경우도 많다는 걸 잘 압니다. 그런데도 머릿속에서 그 일병은 어느새 '혼나도 마땅한 꼴통 병사'가 되고 맙니다.

세상은 결코, 항상 공평하지만은 않습니다. 이 세상에는 비열한 짓을 많이 하고도 떵떵거리며 잘사는 이들도 있고, 평생을 착한 마음으로 이웃을 도우며 살아도 힘들어 하는 사람이 있습니다.

텔레비전에 나오는 멋있고 예쁜 연예인을 보면 흔히 이렇게 말합니다. "전생에 나라를 구했나?" 원하는 대학에 들어가지 못했을 때, 자신을 탓하며 "뿌린 대로 거두는 거지. 다 내 업보야"라고 말하기도 합니다. 우리는 이러한 표현에 익숙해 있습니다. 하지만 뿌린 대로 거두는 세상은 없습니다. 인생은 그보다 더 미묘하고 복잡하며, 시작하는 시점부터 불공평한 조건을 손에 쥐고 있다는 것을 직시해야 합니다.

좀 불공평해도 괜찮아

우리는 태어나는 순간 서로 다른 출발선에서 인생이라는 레이스를 시작합니다. 흔히 말하는 성공에는 자신의 노력도 중요하겠지만, 사회·경제적 지위가 그보다 크게 작용하곤 합니다. 군대에서도 '빽', 즉 연줄이 있다는 사실 하나만으로도 별다른 노력 없이 예쁨과 관심을 받으며 군 생활을 하는 이들도 어렵지 않게 볼 수 있습니다. 이런 우연이 복합적으로 얽히고설켜 나타난 결과물이 지금 우리입니다.

물론 그렇다고 그냥 포기하라는 말이 아닙니다. 아무것도 하지 않으면 아무것도 얻을 수 없습니다. 더 이상 인생이 불공평하다는 사실을 인정하지 못해 어린아이처럼 떼쓰지 마세요. 충분히 즐길 수 있는 다른 방법이 많다는 것을 잊지 말기 바랍니다. 자신이 잘 할 수 있고 확실히 할 수 있는 것, 내 삶에서 내가 확실히 주도권을 쥐고 통제할 수 있는 것을 말입니다.

　세상에 당해 마땅한 후임은 없습니다. 군대 내에 여전히 남아 있는 부조리나 폭력은 당사자들이 극복해야 하는 문제가 아닙니다. 약하고 어눌하고 왜소하다고 괴롭힘을 당해 마땅한 건 결코 아니죠.

14
episode

선임 되면 고친다는 말,
믿어도 될까

Question

지긋지긋한 군대 내의 부조리! 문제를 만드는 선임과 그에 순응하는 후임들. 정말 보기 싫다. 난 선임 되면 절대 그러지 않을 거다!

우리 부대에 '또치'와 '돼지'라고 불리는 상병 선임 두 명이 있습니다. 홀쭉이와 뚱뚱이처럼 환상의 콤비를 자랑하던 이들. 소대의 군기를 책임지는 '군기반장'으로, 생활관의 왼쪽과 오른쪽에서 분위기를 휘어잡는 '실세'들이죠.

생활관 앞을 지날 때면 누군가가 그들에게 혼나는 소리가 늘 들려옵니다. 물론 욕설도 섞여서 말이죠. 큰 소리로 꾸짖지 않아도 될 일을 지나치게 부풀려 혼내는 게 분명합니다. 하지만 도와주고 싶어도 그들이 생활관을 장악하고 있어서 함부로 나설 수가 없습니다. 갈굼의 바리케이드가 쳐지는 거죠. 그리고 이런 말이 꼭 등장합니다.

"지금 열심히 안 하면 나중에 얘들이 다 무시해! 그럼 후임들한테 먹히는 거야! 잘 하라고 이러는 거잖아!"

두고 보세요. 제가 나중에 분대 왕고참이 되면 절대 이러지 않을 겁니다. 알게 모르게 존재하는 군대 내의 부조리. 지긋지긋합니다. 내가 다 바꿔야겠어요. 어렵겠지만 할 수 있겠죠?

nswer

잊지 마라. 한순간에 그들처럼 될 수 있다는 걸. 그런 부조리의 분위기에 젖다 보면 자신도 모르게 그 길을 따라간다. 그들도 정의감에 불타오르 던 때가 있었을지 모르는 일. 군대라는 조직 안에서는 저절로 분위기에 물들기 쉽다. '동조'가 무서운 것도 그래서다.

"그 상황에선 너도 그랬을 거야"

심리학자들은 집단의 직·간접적인 압력으로 자신의 행동, 의견, 태도 등을 대다수의 것에 일치시키는 것, 즉 우세한 상황에 굴복해 자신의 행동을 바꾸는 경향을 '동조conformity'라고 부릅니다. 사회 심리학자인 솔로몬 애쉬Solomon Asch는 재미있는 실험으로 사람들이 외부의 압력으로 인해 얼마나 쉽게 자신의 의견을 굽히는지 잘 보여줍니다.

그는 실험 참가자에게 직선을 그린 그림 A를 보여주었습니다. 그런 다음 그림 B를 보여주며, A 것과 길이가 똑같은 선을 찾아 큰 소리로 답을 말하라고 합니다.

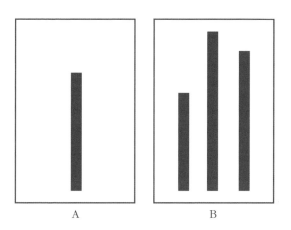

A   B

이런 식으로 총 18개의 문제를 냈습니다.

그때 실험실에는 여러 사람이 같은 문제를 풀고 있습니다. 물론 그들은 18개의 문제 중 12개에 틀린 답을 말하도록 심리학자와 사전에 짠 배우들이었죠. 그 사실을 모르는 실험 참가자들은 처음에는 정답을 잘 짚어냅니다. 하지만 시간이 흐르자 틀린 답을 말하는 사람들을 의식하기 시작합니다. 그렇게 실험이 계속된 결과, 그와 같은 실험을 거친 50명 중 74퍼센트인 37명이 정답을 알면서도 적어도 한 번은 주위 사람들을 의식해 틀린 답을 말했습니다.

흥미로운가요? 이와 유사하면서도 유명한 실험이 있습니다. 솔로몬 애쉬의 '엘리베이터 동조 실험'이 그겁니다. 저 역시 대학에서 사회심리학 수업을 들을 때 이 실험을 모의로 진행해본 적이 있습니다. 실험은 이렇습니다.

1층의 도서관 엘리베이터 문이 열리고, 타려고 기다리던 실험 참가자는 안에 있는 다섯 명이 모두 뒤돌아 서 있는 걸 봅니다. 물론 그는 황당해하면서도 엘리베이터에 탑니다. 하지만 그는 이내 당황해 어쩔 줄 모릅니다. 자기만 다른 방향을 향하고 있으니까요.

7층까지 올라가는 동안 그는 어떻게 행동했을까요? 신기하게도 10명에게 실험한 결과 그중 7명이 뭔가 잘못된 것을 느끼면서도 다른 사람들을 따라 엘리베이터 뒤쪽을 바라보며 끝까지 올라갔습니다.

실험이 끝난 뒤, 연기자들의 행동에 '동조'한 그들은 입을 모아 이렇게 말했습니다.

"알아요, 내가 바보 같은 거. 하지만 어쩔 수 없었어요. 그런 상황이라면 누구나 그랬을 거예요."

선임은 잘 갈궈야 대접 받는다?

인간은 사회적인 동물입니다. 사회를 구성하는 개개인이 서로를 의식하고, 관찰하며, 영향을 주고받으며 살죠. 길을 걷다가 달아나는 사람을 보면 당연히 '무슨 일이 일어났구나' 생각합니다. 이렇게 다른 사람을 관찰함으로써 자신이 모르는 것과 그에 관한 정보를 얻습니다. 다른 이들에게서 사회적 규범을 깨우치고, 어떻게 행동해야 하는지 답을 찾기도 합니다. 주위를 둘러보고 거리가 깨끗하다면 '쓰레기를 버려서는 안 되겠구나' 하고 생각하는 것처럼.

사회에서 규정한 규범은 우리에게 '이 사회에 속한 사람이라면 이렇게 행동해야 한다'고 압력을 가합니다. 그래서 자신의 행동과 사회의 기대치가 일치하지 않을 때, 이 규범적 압박 때문에 '내가 이상한 게 아닐까?' 하며 심리적인 불안감을 느끼고, 결국 자신의 행동을 그에 맞춥니다.

이런 동조 현상은 사회적인 동물로 살아남는 데에 필요한 생존 메커니즘입니다.

'두 명만 모여도 사회가 만들어진다'는 말이 있습니다. 앞의 실험에서처럼 폐쇄된 엘리베이터 안으로 첫 발을 내딛는 순간 그는 '또 다른 사회'로 들어간 것이나 마찬가지입니다. 엘리베이터 밖의 사회에서는 '엘리베이터 안에서 앞쪽을 향하는 것'이 사회적 관습이었다면, 엘리베이터 안의 사회에서는 '엘리베이터 안에서 뒤쪽을 향하는 것'은 사회적 관습이었습니다. '낯선 사회'에 들어서자 그곳의 관습이 이상하고 이해할 수 없다고 생각하면서도 그에 따를 수밖에 없었던 거죠.

'로마에 가면 로마법을 따라야 한다'는 말이 있는데, 우리는 의식하지 않고도 이미 '로마법'을 따르고 있는지도 모릅니다.

군대 역시 이와 같습니다. 엘리베이터 문이 닫히는 순간, 즉 군복을 입는 순간, 군대라는 새로운 사회가 우리의 행동 하나하나에 영향을 미칩니다. 군대 안에서만 통하는 법칙을 익히고, 군대 안에서만 따라야 하는 일들을 겪죠.

물론 군대에서의 동조는 복잡한 사고 과정을 단축시켜 부대 구성원으로서의 임무를 신속, 정확하게 수행할 수 있도록 도와주기도 합니다. 하지만 아무런 비판의식 없이 맹목적으로 받아들이는 동조는 자신의 신념과는 어긋난, 잘못된 선택을 하기도 합니다. 그 대표적인 예가 갈굼입니다.

아직도 '갈궈야 말을 잘 듣는다', '갈구는 선임이 선임 대접을 받는다'는 정서가 군대에 남아 있습니다. 이 말에 "그렇지 않다. 조용히 타일러도 말을 잘 듣는다. 더구나 나는 그런 식으로 하지 않는다"라고 외치는 병사들이 많겠죠?

하지만 예전부터 쌓여 굳어버린 조직의 관습과 그 관습이 누르는 압박을 이겨내기란 여간한 일이 아닙니다. 특히, 후임 병사가 문제를 일으킬 때마다 버릇처럼 나오는 "네가 그렇게 잘해주니까 우습게 보고 말 안 듣는 거야. 갈궈야 말을 잘 듣는다니까"라는 말은 듣는 이를 지치게 합니다. 그러다 보면 '내가 틀린 걸까?' 의심하고, 엘리베이터 안에서 이내 방향을 바꾼 이들처럼 기존의 악습에 따르고, 그에 굴복하고 맙니다. 그렇게 예전의 자신을 돌아보면서 '내가 너무 순진했던 거야' 하며 자신의 옳았던 행동마저 부정하고 맙니다.

사소한 실천이 세상을 바꾸는 법

집단에서는 자신의 가치나 신념에 어긋나는 행동을 더더욱 쉽게 할 수 있습니다. 속해 있는 사회의 관습에 쉽게 동조하게 마련입니다. 따라서 항상 자신을 객관적으로 살펴봐야 합니다.

그렇다고 군대 내 불필요한 관습에 단지 정의감이 불타올라 '내가 다 뜯어고칠 거야!' 한다면 큰 착각입니다. 갖고 있던 신념을 망각한 채 언제 어느 순간에 현실과 타협할지 모르니까요.

그러면 어떻게 해야 할까요?

현재 군에서는 대부분 'top-down', 즉 위에서부터 아래로 각종 지침을 이행하고 있습니다. 병영생활 역시 '선진병영'을 목표로, 하위 부대들이 그에 솔선해줄 것을 요구하죠. 그런데 각개 병사들이 생활하는 소대는 상위 부대와의 연관성이 유기적으로 이루어지기가 어려운, 독자적이고 독립적인 사회입니다. 그래서 top-down만으로는 그 목표를 달성하기가 쉽지 않습니다.

소대 안에 불필요하고 부정적인 관습이 견고하게 남아 있는 한 외부의 훌륭한 지침도 내부에서는 무용지물이 되기 쉽습니다. 그렇다고 그런 부조리에 대항해 섣불리 정의를 외치는 건 바람직하지 못합니다. 소대 안에 불필요한 관습이 남아 있다고 생각한다면 소대라는 엘리베이터 안에서 뒤돌아 있는 그들을 어떻게 앞을 보게 할지를 고민해야 합니다.

물론 알고 있습니다. 군대라는 조직에서 자신의 목소리를 내기가 얼마나 힘든지. 계급이 낮으면 함부로 나설 수도 없죠. 하지만 그래도 말해야 한다면 정정당당하게 말해야 합니다.

마음을 나누기 편한 후임이나 동기들에게 어필해보는 건 어떨까요? 작은 것에서 시작해 큰 것을 바꾸어가는 'bottom-up'을 top-down과 병행하는 거죠. 이렇게 한 명 한 명에게 영향을 끼치다 보면 어느새 부대 내에 정착할 것입니다.

작은 것부터 바꾸어가다 보면 전체는 자연스럽게 바뀌게 마련입
니다. 이것이 동조의 묘미죠.

15
episode

깡패 같은
선임 때문에

Question

우리 소대도 아니면서 사사건건 시비 거는 선
임이 있다. 동네 깡패 같은 그, 어떻게 대해야
할까?

하루 종일 시비예요. 그런 눈빛 알죠? 무슨 잘못을 하는지 트집 잡으려는 매의 눈빛. 작정하고 으르렁거리니까 신경 쓰여 미칠 것 같습니다. 우리 소대가 그 선임의 소대와 붙어 있거든요. 그러다 보니 꼬장 부리는 게 아주 대박이에요.

구석에 몰래 숨어 있다가 지나가는 애들을 차례로 훑어보고는 이럽니다.

"이리 와 봐. 맨발에 신발 신어도 되나?"

"죄송합니다! 다음부터 주의하겠습니다!"

"죄송하면 군 생활 끝나?"

잘못한 걸 지적하는 건 좋은데 필요 이상으로 지나치게, 정말 기분 나쁘게 혼낸다는 겁니다. 그것도 다른 소대 병사를 말이죠. 자기 소대 후임은 똑같은 문제를 일으켜도 다음부터 그러지 말라며 기분 좋게 타이릅니다. 이게 한두 번이 아니에요.

지난번에 소대끼리 내기를 걸고 축구를 했는데 말이죠. 우리 소대 후임이 모르고 좀 거칠게 플레이해서 기분이 나빴나 봅니다. "3소대가 싸가지 없는 건 아는데 이건 오버 아냐!" 이러는 겁니다. 가끔 병영 부조리로 징계를 받는 일이 있으면 "저건 분명히 1소대에서 그런 거야"라며 다른 소대를 이유 없이 비하해요.

nswer

'내 집단 선호' 때문이다. 그 선임이 특별히 이상한 건 아니다. 흔히 "쟤네는 원래 그래. 우리는 안 그러잖아"라며 '우리'를 옹호하는 경우가 더러 있지 않나? 별다른 근거 없이 자기가 속한 그룹에 있는 이들을 편애하고 그렇지 않은 사람들에게 적대감을 보이는. 세 명만 모여도 편애 현상이 일어나게 마련이다. 인맥, 학연, 지연이라는 말을 자주 꺼내는 것도 그만한 이유가 있다.

미국 대학생들의 캠퍼스 생활 중 큰 비중을 차지하는 게 학교 스포츠입니다. 그중에서도 학교 대항 미식축구는 우리나라의 고려대와 연세대의 대항전처럼 학교의 자부심을 걸고 벌이는 경쟁입니다. 여기서 재미있는 관찰 결과가 하나 있습니다. 자신의 학교가 미식축구 경기에서 승리한 그 다음날이면 캠퍼스에 학교 티셔츠를 입고 다니는 학생들의 수가 증가합니다. 우리 학교가 상대방 학교를 이겼고, 나는 자랑스러운 이 학교의 학생임을 뽐내는 거죠. 그럼으로써 자존감도 높아집니다.

군대 역시 마찬가지입니다. 자기 소대만 예뻐하고 다른 소대를 비난하는 현상은 이런 내 집단 선호가 강화된 예입니다.

같은 중대 내에서는 소대끼리 대항하는 경향이 많습니다. 축구나 족구를 해도 소대 대항전을 하는 경우가 많죠. 주특기 훈련이나 부대 전술 훈련과 같은 평가를 받을 때도 소대 간 경쟁 구도로 이루어지곤 합니다. 그리고 'A 소대가 B 소대보다 확실히 낫네' 식의 비교가 늘 따라다녀 내 집단에 기대는 마음은 강해질 수밖에 없습니다.

따라서 이런 선임을 다루는 방법은 그 선임이 생각하는 '내 집단'에 속하도록 노력하는 것입니다. 그 선임이 좋아하는 게 무엇인지 잘 관찰해보세요. 만약 그 선임이 게임을 좋아하는 병사들과 친하다면, 거기에 관심을 가져보기 바랍니다. 좋아하는 책이나 텔레비전 프로그램이 있다면, 특정 걸 그룹을 좋아한다면 그 선임에게 그런 이야기를 유도해보는 것도 한 가지 방법입니다.

공통점을 공략하는 것이 '내 집단'에 들어가는 초고속 비법입니다. 이런 사람들은 일단 내 사람이다 싶으면 의리를 잃지 않고 관계를 지속하는 성향도 있습니다. 여기서 한 가지 방법이 더 있습니다. 공통된 적을 만드는 거죠. 적의 적은 친구라는 말이 있죠. 만약 소대끼리의 갈등이 심한 중대라면, 다른 중대 병사들을 경쟁자로 생각하게 만들어 중대 병사들 간의 유대감을 이끌어내세요. 즉, 공통된 적을 가진 집단이 내 집단이 되는 거죠.

16
episode

광고하지 않으면
아무도 모른다

Question

보면 볼수록 매력 넘치는 '볼매' 캐릭터 되는
법, 어디 없을까?

자대에서 인기를 끌고 싶은 따끈따끈한 신병입니다. 이왕 거쳐 가는 군대, 사람들과 잘 어울리면 좋잖아요.

치킨집을 운영하다 온 어린 CEO 박 상병님. 하나하나 꼼꼼하며 까칠한 성격이지요. 공사장에서 힘든 일을 도맡아 하며 하루하루를 열심히 버텨온 김 병장님. 우락부락한 성격이지만 쿨한 분이고요. 어린 나이에 유학 갔다 온 '차도남' 이 일병님…….

다양한 배경이 모여 있는 군대. 별별 사람들이 다 있습니다. 설레기도 하지만 과연 내가 잘 할 수 있을지도 걱정인데, 다양한 사람들의 마음을 끌어모을 비법이 있을까요?

nswer

'보면 볼수록'이라는 표현 안에 그 답이 있다. 마음에 들도록 하려면 먼저 보여주어야 한다는 것. 마트에 가서 여러 가지 상품을 둘러보면서 '어떤 것을 사야 할까?' 고민할 때, 무의식적으로 광고로 눈에 익은 물건에 손이 가곤 한다. 호감도 마찬가지.

자주 마주쳐 익숙해진 대상에 무의식적으로 호감을 갖습니다. 심리학에서는 이를 '단순노출 효과mere exposure effect'라고 합니다.

미국의 심리학자 로버트 자이언스Robert B. Zajonc는 한자를 전혀 모르는 실험 참가자들에게 한자 몇 개를 보여주었고, 그 글자마다 담긴 뜻이 긍정적인지 부정적인 의미를 담고 있는지 물어보았습니다. 의견을 종합한 결과, 참가자들은 특정 한자가 반복될수록 그 글자의 의미도 긍정적이리라 추측했습니다. 노출 횟수가 많았을 뿐인데 호감이 증가한 겁니다.

이는 사람도 마찬가지입니다. 몇몇 대학교에서 한 실험에 의하면, 학생들 역시 자주 마주치는 상대에게 호감을 느낀다고 합니다. 상대방을 전혀 모르는데도 말입니다.

따라서 단순노출 효과를 적절히 활용하면 군대에서 마주치는 사람들의 무의식을 쥐었다 폈다 할 수 있습니다. 마음에 들게 하려는 사람이 있다면 그 사람 주변에 자주 나타나세요. 우연을 가장한 인연으로 말입니다.

이는 연애할 때도 마찬가지입니다. '열 번 찍어 안 넘어가는 나무 없다'는 속담이 있죠. '마주치면 어떤 말이라도 해야 하지 않을까?', '뻘쭘하지 않을까?' 그렇지 않습니다. 굳이 말을 걸지 않아도 됩니다. 단순노출 효과는 내 얼굴을 상대방에게 각인시키는 것만으로도 효과가 있습니다.

여기서 이 효과를 응용하는 방법을 알려드리겠습니다. '근접 효과'가 그것입니다. 누구나 자신과 가까운 사람과 친해질 가능성이 높습니다. 같은 아파트에 사는 또래와 더 빨리 친해지는 것도 그렇습니다. 점수를 따고 싶은 상대가 있다면 자주 나타나는 것뿐만 아니라, 그 사람 근처에서 자주 맴돌아야 합니다. 스토커처럼 보일 수 있다는 점만 주의한다면 말이죠.

17
episode

수학으로는 못 푸는
군대 공식

Question

군대에서 이해 안 가는 게 하나 있다면 이것.
단체행동을 할 때 제대로 안 해서 두 번씩 한다
는 것! 왜 다 같이 하면 한 번에 안 되는 거야?

아침 6시. 하루 중 몸이 가장 무거운 시간. 몸은 뻐근하고, 세상의 모든 짐이 어깨에 올려 있는 느낌입니다. 그런 피곤하고 지겨운 아침을 맞으며 연병장으로 나갑니다. 모든 인원이 집합하면 당직사령은 어김없이 큰 소리로 묻습니다.

"밤새 잘 잤습니까?"

"예에~"

"안 들립니다! 잘 잤습니까?"

"예~!"

역시나 두 번 물어봐야 병사들의 목소리가 커집니다. 이어서 아침점호가 시작됩니다.

"전방에 힘찬 함성 5초간 발사!"

"아아악~"

아니나 다를까, 당직 사령의 표정은 만족스럽지 못합니다.

"목소리가 작다! 전방에 힘찬 함성 5초간 발사!"

"아아악~!"

이렇게 아침마다 꼭 두 번씩 반복하는 우리. 모두가 처음 할 때 제대로 하면 되는데 몇몇의 목소리가 작아 불필요하게 반복하죠. 대체 왜 처음 할 때 온 힘으로 소리 지르지 않는 걸까요?

nswer

조직 속에서 공동의 목표를 가진 사람들은 혼자 일할 때보다 게으름을 피우고 설렁설렁 일하는 경향을 보인다. 개인이 아닌, 조직이 평가받으므로 굳이 자신이 애쓰지 않아도 다른 조직원들이 열심히 해주리라 믿는다. 하지만 조직 속에 있다고 해서 자신이 드러나지 않으리라 생각한다면 오산.

왜 사공이 많은 배가 산으로 갈까

집단이나 조직의 습성에 관련된 속담 중에 실제로 잘 들어맞는 게 있습니다. '사공이 많으면 배가 산으로 간다'가 그거죠. 그룹 프로젝트에 참여해본 적 있나요? 중요한 대회에 팀으로 출전해본 적 있습니까? 사람이 많으면 다양한 의견을 교환함으로써 좋은 아이디어가 나올 가능성도 높아진다고 생각하나요? 임무를 분담함으로써 일을 더 쉽고 더 빠르게 처리할 수 있다고 믿나요?

그렇다면 가장 중요한 포인트를 놓치고 있습니다. 사람은 혼자 일할 때보다 그룹의 일원이 되어 일할 때 덜 노력하는 경향을 보입니다. 이를 '사회적 태만social loafing'이라고 부릅니다.

심리학자인 빕 라타네Bibb Latane, 키플링 윌리엄스Kipling Williams, 스티븐 하킨스Stephen Harkins는 실험 참가자들을 세 그룹으로 나누어 스포츠 게임을 보게 하고, 분위기를 돋우는 치어리더들과 함께 힘차게 소리 지르고 박수치도록 했습니다.

첫 번째 그룹은 혼자 응원하게 하고, 두 번째 그룹은 여러 사람들과 같이 응원하게 했으며, 세 번째 그룹은 헤드폰을 귀에 끼고 여러 사람들과 같이 응원하게 했습니다. 물론 세 번째 그룹의 경우 헤드폰에서 나오는 소리 때문에 속한 그룹의 다른 사람이 지르는 소리를 들을 수 없습니다. 실험 결과는 어땠을까요? 조직에 속한 사람들, 즉 두 번째와 세 번째 그룹이 만들어낸 소리가 혼자인 첫 번째 그룹이 지른 소리보다 현저히 작았습니다.

이 실험에 참가한 이들 중 누구도 그들이 조직에 속했을 때 무의식적으로 소리를 적게 낸다는 사실을 깨닫지 못했습니다. 게다가 그들은 자신의 사회적 태만을 인정하려고 하지도 않았습니다.

누군가 나를 지켜보고 있다

군가나 애국가를 부를 때 주위를 잘 관찰해보세요. 누군가는 평소보다 목소리가 작거나 중얼거리듯 할 겁니다. 그것이 조직 속에 있는 개인의 습성입니다.

축구나 농구와 같은 단체운동에서는 어떨까요? 임하는 자세를 보세요. 무언가 이상하지 않나요? 사회적 태만 같은 건 찾아볼 수가 없습니다. 오히려 최선을 다해, 있는 힘껏 뜁니다. 단체운동은 왜 다를까요? 단체운동은 왜 사회적 태만을 보이지 않고, 무엇 때문에 그런 걸까요? 그건 매의 눈으로 선수 개개인을 지켜보는 감독과 팀원, 그리고 관중이 있어서입니다. 자신의 노력과 공로가 제삼자에 의해 평가받고 있을 때 누구나 최선을 다합니다.

쉬운 일일수록 사회적 태만에 빠지는 가능성도 커집니다. 어려운 일은 개인의 참여에 따라 결과가 확연하기에 노력하지 않을 수 없지만 쉬운 일은 누가 하더라도 상관없으므로 무책임해지는 거죠. 혹시 지금, 밥숟갈만 슬쩍 올려놓거나 무임승차하지는 않나요?

군대는 조직이지만 단체운동처럼 개인평가가 이루어지는 곳입니다. 조직 속에서 누군가는 늘 한 사람 한 사람을 지켜보고 있다는 사실을 잊지 말아야 합니다. 군가를 부르며 식당으로 향하는 사소한 순간에도 방심을 늦추지 마세요.

후임이든 선임이든 간부든 한 사람 한 사람의 행동을 바라보고, 지금 이 순간에도 그들 각자를 평가하고 있을지 모르는 일입니다. 그리고 그 평가가 모여 저마다의 군 생활을 만듭니다.

18
episode

"남들은 괜찮은데
왜 너만 유난이야"

Question

군 생활이 힘들어 가족이나 애인에게 하소연
할 때가 있는데, 그러면 꼭 "남들은 잘 버티는
데 왜 너만 그러느냐?"는 말이 돌아온다. 그
런 말을 듣고 싶은 게 아닌데, 왜 이렇게 내 마
음을 몰라주는 걸까?

군인들의 몇 안 되는 도피 순간이자 군 생활의 스트레스를 하소연하는 때가 언제인지 아세요? 개인정비 틈을 이용해 공중전화를 할 때죠. 이것저것 중얼거리며 불평불만을 털어놓죠.

그런데 하소연이 끝나기가 무섭게 어머니는 나무랍니다.

"그거 별것도 아니네. 밖에서 회사생활을 해봐. 얼마나 스트레스 받겠냐. 군대에서 미리 회사생활 연습하는 셈 치고 참고 이겨내. 남들 다 하는 군 생활인데 뭐가 그렇게 유난스러워."

아버지가 옆에서 거듭니다.

"내가 군대 있을 때는 찍소리도 못 냈어! 네가 옛날 군대를 가봤어야 정신 차리지."

제가 그런 조언을 들으려고 전화한 게 아닌데……. 화가 치밉니다. 더 통화하면 언성만 높아질 것 같아 이번에는 애인한테 전화를 했습니다. 그런데 돌아오는 답은 비슷합니다.

"그때는 다 그런 거래. 자기만 힘든 거 아니고 다들 그런가 봐. 남들 다 하는 거니까 이겨낼 수 있지? 파이팅!"

단체로 작정했나 봅니다. 전화한 이유는 그런 말을 듣고 싶어서가 아니라고요.

그런 말은 좋게 들리지 않는다. 하지만 그들이 그렇게 말하는 건 당연히
그럴 수밖에 없을지도 모른다. 누구나 무의식적으로 상대방도 나와 같다
고 생각한다. 내 기준으로 다른 사람을 판단하고 생각할 수밖에 없다.

나는 좋은데 그는 왜 싫다는 걸까

사람들은 다른 사람이나 상황을 평가할 때 자신의 기준에 영향을 받을 수밖에 없습니다.

친구와 쇼핑하러 갔을 때, 이런 경험을 했을 겁니다. "이 옷 어때?"라며 친구가 고른 옷이 한눈에 봐도 너무나 촌스러워 그 친구에게 어울릴 만한 다른 옷을 골라주며, "이게 더 세련되지 않아?"라고 합니다. 그런데 친구는 "그거 좀 촌스럽다"고 말하죠. 누구나 자기만의 기준으로 대상을 판단합니다. 돈을 좋아하는 사람은 다른 사람들도 그러리라 생각하고, 명예를 중요하게 여기는 사람은 돈에 기겁하는 사람들을 보고는 깜짝 놀랍니다.

이처럼 자신의 성향을 일반화시켜 다른 사람들에게도 보편적이리라 생각하는 것을 '투사 효과projection'라고 합니다.

스탠포드대학교의 리 로스Lee Ross 교수 연구팀은 사람들이 다른 이들도 자신과 비슷하게 생각하고 행동할 거라고 착각한다고 지적합니다.

리 로스 연구팀은 실험 참가자들에게 "조의 식당에서 맛있는 샌드위치를!"이라는 푯말을 목에 걸어달라고 부탁했습니다. 물론 이를 거부하는 참가자는 제외하고 말입니다. 그런데 흥미롭게도 푯말을 목에 건 참가자들 중 62퍼센트가 다른 참가자도 자기처럼 푯말을 목에 걸었으리라 생각했습니다. 반면에 이를 거부한 이들 중 33

퍼센트만이 다른 참가자들이 푯말을 목에 걸었으리라고 예측했죠.

실험 결과를 들은 참가자들은 서로 엇갈린 반응을 보였습니다. 푯말을 목에 건 이들은 그렇지 않은 참가자들을 '이상하게 보일까 봐 두려워했을 것'이라고 생각했고, 푯말을 목에 걸지 않은 이들은 순순히 따른 이들을 '뽐내기 좋아하는 부류'라고 여겼습니다.

이렇듯 자신이 결정하고 행동하는 것을 다른 사람들 역시 나와 같은 것이라고 보편적으로 생각합니다. 이런 심리를 '허구적 일치성 효과false consensus effect'라고 부릅니다.

그가 그렇게 말하는 진짜 이유

투사 효과와 허구적 일치성 효과는 객관적인 판단이 결여된 탓에 일어납니다. 자신과 타인이 다르다는 것을 인정하지 않기에 그런 결과가 나온 거죠. 색안경을 끼고 타인을 바라보는 거죠. 누구나 각자의 군 생활이 있기 마련입니다. 힘들고 쉬운 정도의 절대적인 기준은 사실상 존재하지 않습니다. 상대적이게 마련이죠.

똑같은 자대와 보직이라도 A에게는 힘들지 않을 수 있지만 B는 죽을 맛일지도 모르는 일입니다. '내가 있는 곳이 가장 힘든 곳'이라는 말이 있습니다. 어느 보직을 얻거나 어느 부대에서 복무하든지 개인이 느끼는 부담감은 있기 마련입니다. 타인이 그 무게를 제대로 수행하느냐는 내가 판단할 문제가 아닙니다. 그가 정말 걱정되고 우려된다면 '남들도 다 하는데' 라는 말은 꺼내지 마세요. 그런 말은 속상한 마음만 키울 뿐입니다.

상대방의 입장에서 생각하는 습관을 들여야 합니다. 물론 여유가 없으면 그렇게 하기가 어렵습니다. 하지만 진정으로 사랑하고 아끼는 상대라면, 포인트를 '남들 다 하는데 너는 약하다'는 데 맞추기보다, '왜 힘들었을까?', '왜 죽을 맛이라는 걸까?'를 따져보기 바랍니다.

그리고 애인이나 부모님이 '남들 다 하는데', '나도 다 했던' 식의 말을 꺼낸다고 속상해하지 마세요. 오히려 그것은 투사 효과를 역이용해 그의 마음을 읽을 수 있는 절호의 기회니까 말입니다.

첫인상만 좋아도
2년이 편하다

Question

자대에 배치 받기 직전인데, 너무 떨린다. 잘 지낼 수 있을지도 걱정이고. 첫인상이 중요하다는데, 어떻게 해야 좋은 인상을 심어줄 수 있을까?

훈련소 생활도 훌쩍 지나고, 어느새 자대로 배치될 날만을 기다리고 있습니다. 그런데 엄청 떨립니다. 밖에서 알바나 인턴을 하면서 면접 볼 때도 이보다 떨리지 않았던 것 같아요.

훈련소 조교들이 "훈련소에서 한 것처럼 어리바리하면 야전 가서 뺨 싸대기 맞는다"며 놀리던 걸 떠올리면 겁도 나고요. 군대를 다녀온 친구들 중에는 오히려 자대가 훨씬 낫다고 하지만…….

앞으로 2년 동안 같이 보내야 할 사람들을 만나는데, 어떻게 해야 좋은 점수를 딸 수 있을까요?

nswer

'처음'이라는 단어에는 마력이 있다. 첫사랑, 첫 키스. 그때의 두근거림이 지금까지도 잊히지 않는다. 자대 생활을 성공적으로 하려면 첫인상이 매우 중요하다. 누구나 처음 접한 정보에 자기도 모르게 매료되고, 이후에 내리는 모든 결정도 영향을 미친다.

'17'과 '97' 중 어디가 비쌀까

처음 접한 정보가 어떻게 마음을 제어하는지 실험으로 살펴보겠습니다.

1974년, 사회심리학자인 대니얼 카너먼Daniel Kahneman과 아모스 트버스키Amos Tversky는 실험 참가자들에게 1에서부터 100까지 숫자가 적혀 있는 룰렛 회전판을 돌리는 모습을 보여주었습니다. 사실 이 회전판은 10 또는 65에서 회전이 멈추도록 미리 설계되어 있었습니다.

그런 다음 참가자들에게 'UN에 가입한 아프리카 국가는 몇 개국인가?'라고 물었습니다. 놀랍게도 룰렛이 10에 멈추는 것을 본 이들은 UN에 가입한 아프리카 국가를 상대적으로 적게 추측했고, 65라는 숫자를 본 이들은 상대적으로 높게 추측했습니다. 룰렛의 숫자와 UN에 가입한 아프리카 국가의 수는 전혀 상관없었지만, 처음에 접한 숫자가 결정에 막대한 영향을 끼친 거죠.

믿기지 않습니까? 한 가지 질문을 하겠습니다. '레스토랑 17'과 '레스토랑 97'이 오픈했습니다. 이들 중 어느 레스토랑의 음식이 더 비쌀까요? 아마도 레스토랑 97이라고 답하겠죠. 심리학자 클레이턴 크리처Clayton Critcher와 토마스 길로비치Thomas Gilovich의 실험에 참가한 사람들 대다수도 레스토랑 97의 음식이 비쌀 거라고 추측했습니다. 17과 97이라는 숫자 차이일 뿐인데도. 그 숫자가 레스토랑을 평가하는 기준점이 된 거죠.

이쯤 되면 마음이 얼마나 허점투성이인지 알 수 있겠죠.

지금도 첫 키스를 잊지 못하듯

이런 '닻 내리기 효과anchoring effect'는 소비심리에도 영향을 미칩니다. 사람들이 선호하는 명품 브랜드를 싼 값에 내놓았다고 해봅시다. 사람들은 분명히 '질이 안 좋아서 싼 걸 거야. 문제가 있는 게 분명해'라며 의심할 것입니다. 명품 브랜드의 고가전략이 통하는 이유는 그 브랜드에 대한 소비자들의 마음이 이미 '비싼 가격'에 닻을 내린 까닭이죠. 그래서 값싼 가격이 이상해 보이는 겁니다. 반면에 백화점에서나 잘 팔리는 30만 원짜리 치즈를 동네 슈퍼마켓에서 판다면 사람들이 사려고 할까요?

군대도 그렇습니다. 이 닻 내리기 효과로 첫인상이 앞으로의 자대 생활을 결정짓습니다. 첫날 선임들의 눈에 비친 이미지가 그들의 내면에 닻을 내리기 시작합니다.

그렇다면 어떻게 닻을 내려야 할까요? 앞에서도 말했듯이 거래에서 유리한 가격을 선점하려면 처음부터 생각하는 것보다 이로운 가격을 부르는 게 중요합니다. 첫인상을 좋게 하려면 갖고 있는 것보다 조금은 과장해서 말하는 것도 필요합니다. 물론 과장과 거짓은 다릅니다. 거짓으로 꾸며 이야기해서는 안 되겠죠.

내가 갖고 있는 잠재력의 범위 내에서 자신을 최대한 포장하는 것도 능력입니다. 그런 능력을 발휘해 상대의 의식 속에 좋은 인상을 남기는 것입니다.

몇 년이 지나도 여전히 첫 키스의 추억을 잊지 못할 겁니다. 그 사람의 입술이 닻을 내린 심장, 그 심장만이 알고 있는 이 진리를 되새겨보기 바랍니다.

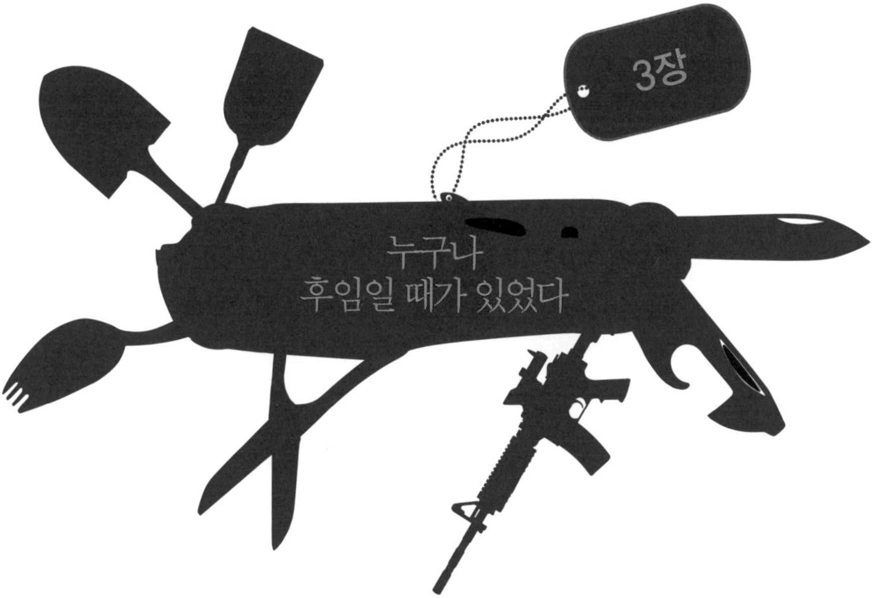

3장

누구나 후임일 때가 있었다

20
episode

"난 안 그런데 넌 왜 그래"

Question

후임이 일을 너무 못해 걱정이다. 기대를 갖고 격려하면 그렇게 된다고 하던데, 내 후임은 아무리 가르치고 칭찬해도 먹히질 않는다.

저도 '기대 효과'를 알고 있습니다. 다른 사람에게 어떤 기대를 하면 진짜 그렇게 된다는 거잖아요. 그런데 그걸 군대에서 실제로 써먹기가 참 힘듭니다.

제 후임 중에는 일을 못하는 병사가 있어요. 그를 지켜볼 때마다 저만 긍정적으로 기대하고 있으면 뭐하냐 싶어요. 한두 번 실망하는 게 아니에요. 후임이 행정병인데, 심지어 아스테이지® 작업이나 가위질도 못 합니다. 제가 하면 깔끔하게 할 수 있는데 후임은 불가능한가 봐요.

그러다 보니 '기대했던 내가 바보지'라는 생각도 많이 듭니다. 진짜 답답하죠. 제가 원하는 대로, 제가 예전에 알려준 대로만 해도 간부님들한테 욕 안 먹고 A급 병사라는 소리 들으면서 어깨 쭉 펴고 예쁨 받으며 군 생활 할 수 있을 텐데…….

Answer

선임이 되면 가장 힘든 게 후임 관리다. 후임 때 받던 스트레스와는 다른 레벨의 스트레스가 기다리고 있다. 신기한 건 후임을 잘 관리하는 선임이 있는 반면, 후임의 마음을 좁쌀만큼도 헤아리지 못하고 통제조차 불가능한 선임도 여전히 있다는 점이다.

《설득의 심리학》을 쓴 로버트 치알디니Robert Cialdini 교수는, 사람들은 그들의 결정이나 약속에 일관성 있어 보이고 싶어한다고 말합니다. 다른 사람들 앞에서는 특히 그렇습니다.

그는 선거일을 앞둔 이들에게 다가가 "당신은 평균적인 사람들보다 투표할 가능성이 높은 시민이군요"라고 말했습니다. 그러자 자신이 '투표할 가능성이 높은 시민'이라는 말을 들은 사람이 그렇지 않은 이들보다 15퍼센트 정도 투표를 더 많이 했다고 합니다.

그들에게 붙여준 타이틀, 즉 라벨이 그들의 행동에 영향을 미친 것입니다. 다른 사람이 자신에게 붙여준 라벨에 맞게 일관성을 갖고 행동한 거죠. 이것이 라벨링labeling의 묘미입니다.

이 방법은 후임에게도 활용할 수 있습니다. 후임에게 라벨을 붙여주며 부탁하는 거죠. "체력 끝내주는 박 상병이 해보는 게 어떨까?"라고 말하는 것입니다. 이 말은 박 상병에게 '체력이 좋다'는 라벨을 붙여주는 것과 동시에 앞으로 체력과 관련되어 있는 모든 일에 그가 '내가 나서야 하지 않을까?' 또는 '나는 항상 체력이 좋아야 한다'라는 생각까지 갖게 해줍니다.

　이렇게 응용해볼 수도 있습니다. 후임의 행동이 느릿느릿해서 답답하다면 그가 우연히 빠르게 일을 처리했을 때를 노리세요. "일처리 빠른 김 일병, 역시 대단해!"라고 말입니다. "김 일병, 역시 대단해!"라고 말하는 것보다 앞에 '일처리 빠른'이라는 긍정적인 라벨을 붙여, 앞으로도 그렇게 행동해야만 할 것 같은 느낌이 들게 하는 거죠. 현명한 여러분이라면 능히 할 수 있을 테죠.

 **민간인은 모르는 군대 용어**

● 아스테이지 | 투명 시트지로, 흔히 책을 쌀 때 사용하는 비닐막. 행정병들이 지겹도록 사용한다.

21
episode

말 안 듣는 후임,
어떻게 할까

Question

후임에게 일을 시켰는데
도통 하려고 하지 않는다.

요즘 군대 참 좋아졌습니다. 후임에게 이거 해라 저거 해라 시키면 제대로 하는 게 하나도 없으니까요. 대체 어디까지 이해해주어야 하는 거죠? 선임이 시키면 "예, 알겠습니다!" 해야 하는 것 아닌가요? 아니, 시키지 않아도 "제가 알아서 하겠습니다!" 하는 게 기본이죠.

제가 후임 때 어땠냐고요?

"리모컨 좀 갔고 와 봐라."

"이 병장님, 찾으실 줄 알고 미리 옆에 가져다 놓았습니다!"

"아니! 리모컨이 벌써 내 손에!"

이랬단 말입니다. 얼마나 예뻐요. 이런 식으로 제가 선임에게 "내가 여자였으면 너 같은 남자랑 사귄다"는 말을 한두 번 들은 게 아닙니다.

그런데 요즘 얘들은 뭘 시키기만 하면 표정 관리 못 하면서, 말끝을 흐리며 "제가 잘 못하는데요……" 이럽니다. 시도나 해보고 말하면 그나마 낫죠. '그럼 네가 잘 하는 게 뭐냐, 도대체!' 속이 뒤집어집니다.

군대까지 와서 후임의 눈치를 보면서 일 시켜야 한다니……. 이제는 후임이 뭘 잘 하는지 하나하나 따져가면서 일을 시키는 맞춤형 명령 서비스를 해야 합니까?

nswer

이거 해라 저거 해라 하면 당연히 하고 싶지 않겠지. 후임이기 전에 사람이니까. 선택권이 없으면 반감이 생길 수밖에 없는 것. 어렸을 때를 생각해보라. 엄마가 공부하라고 하면, "예, 공부하겠습니다!" 하면서 군소리 없이 공부했는가? 군대도 마찬가지다.

공부하라고 해서 공부하기가 싫다?

삶은 매 순간이 선택으로 이루어져 있습니다. 어떤 영화를 보고 음식을 먹을지와 같은 사소한 것에서부터 배우자를 만나는 중대한 문제까지 모두 선택의 연속이죠. 심리학자인 잭 브램Jack Brehm은 사람들이 이런 선택의 자유를 박탈당했을 때 심리적 반발심을 갖는다고 말합니다. 이를 '심리적 반항psychological reactance'이라고 합니다. 일종의 청개구리 효과죠.

기억해보세요. 어렸을 적 부모님이 "당장 공부해!"라고 잔소리하면 "왜 공부만 해야 하는데?"라며 책상을 박차고 일어나곤 했던 모습을. 마음에 드는 장난감을 사려고 마음속에 담아 놓았는데 다음 날 가보니 이미 팔려 속상했던 것을. 그래서 다음에 꼭 사야겠다고 다짐하던 것을. 익숙하지 않습니까? 명품점 판매원이 "이건 비싸서 부담되실 텐데요"라고 말하면 오기가 발동해 더 사고 싶어지는 것도 심리적 반항 때문입니다. 특히, 군대라는 조직에서 선택권의 박탈은 너무나도 당연해 보입니다. 철저한 계급구조이자 명령과 복종으로 이루어진 곳이기 때문이죠. 더구나 군대 밖에서는 동생, 친구로 지낼 만한 사람들이 군대 안에서는 자기보다 선임이라며 이래라저래라 명령하고 있으니 답답할 수밖에 없습니다.

사회에서는 상급자가 마음에 들지 않으면 사표라도 던질 수 있지만 군대에서는 그런 경우에는 영창으로 가는 수밖에 없습니다. 결국 선임의 끊임없는 명령에 지치다 보니 자기도 모르게 거드름을 피우고 이래저래 회피합니다.

선택할 자유를, 그러나 분명하게

보통 '이거 해라 저거 해라'라는 말은 '이것을 꼭 해야만 해'라는 의미가 강하기 때문에 다른 옵션이 존재하지 않는다고 볼 수 있습니다. 다시 말해, 하고 싶지 않은 것을 하지 않을 권리를 박탈당한 느낌을 주는 말투죠.

> ① "좀 있다가 행정보급관님이 내무검사하신다는데, 어떤 거 할래? 쓰레기 분리수거할래, 아니면 행정반 청소할래?"
> ② "좀 있다가 행정보급관님이 내무검사를 하신다니까, 쓰레기 분리수거해!"

심리적 반향을 조금이라도 알고 있다면 당연히 ①번이 현명한 후임 길들이기임을 단번에 알아챌 것입니다. A와 B 두 가지 옵션 중 자신이 더 하고 싶은 것을 선택할 수 있기 때문에 반발심이 줄어들죠. 반면에 ②에는 선택의 자유가 존재하지 않습니다. 쓰레기 분리수거를 하지 않아도 된다는 자유가 없습니다. 따라서 당연히 박탈당한 옵션인 '쓰레기 분리수거를 하지 않는다'는 부분에 애착이 생길 수밖에 없습니다.

만약 A와 B 두 가지 옵션 중 A라는 일을 시키고 싶다면 A보다 힘든 일을 B에 넣어 물어보세요.

"오늘은 행정반 청소할래 아니면 변기 청소할래?"

그는 자신이 교묘한 심리 대화법에 넘어가고 있다는 것도 모른채, 변기 청소를 피하려고 "행정반 청소하겠습니다!"라고 할 것입니다. 심지어 착한 배려에 감동까지 받을지도 모르는 일이죠.

여기서 중요한 점이 있습니다. 선택지는 두 가지로 제한하는 것이 좋습니다. 옵션이 많아지면 선택하기 힘들어지는 '선택의 모순 paradox of choice'에 빠질 수 있기 때문입니다.

물론 명확하게 명령해야 할 필요가 있는 상황이 있습니다. 적의 포탄이 떨어지는 전시 상황에서 "오늘 기분이 어때? 컨디션 좋아 보이는데, 박격포 쏠래 아니면 총 쏠래?"라는 대화는 줏대 없는 리더일 뿐이죠.

평상시의 대화는 그렇지 않습니다. 선택할 수 있는 시간의 여유가 있기 때문입니다. 따라서 후임에게 간단한 선택지를 부여함으로써 심리적 반향을 줄여주는 이 대화법을 절대 잊지 말기 바랍니다. 이것은 부모님으로부터 자유로워지려고 방황했던 청춘의 경험에서 우러나온 병법입니다.

왜 밉상 후임은
뭘 해도 밉상일까

Question

후임이 너무 못생겼는데, 거기다가 일까지 못한다. 밉상인데 하는 짓까지 밉상이니 어떻게 대해야 할지, 지켜보는 내가 막막하다.

이 녀석 아주 밉상입니다. 사람이 마음에 안 들어도 이렇게 안 들을 수가 없네요. 제가 성격이 유들유들한 편이라 웬만해서는 사람들과 잘 어울리는데 이 녀석은 무리입니다. 제가 외모지상주의자는 아니지만, 이 녀석은 정말이지 너무 못생겼지 말입니다. 비호감이랄까. 아무튼 그렇게 생겼는데, 문제는 일까지 못한다는 겁니다. 못생겼는데 일이라도 잘하면 말을 안 해요. 요즘은 좀 잘생긴 애들이 일도 잘하고 착하기까지 하다니까요.

nswer

그 후임이 그렇게도 일을 못할까 하는 의문이 앞선다. 후임이 못생겼다는 편견과 선입견에 빠진 나머지 그의 장점과 특기를 보지도 않고 그의 전체를 싸잡아 나쁘게 평가하고 있는 건 아닌지 싶다. 사랑에 빠져본 적이 있을 것이다. 눈에 콩깍지가 씌어서 그녀의 모든 게 예뻐 보이는 것 말이다.

"얼굴이 예쁘니까 그건 못해도 돼"

한번 씌운 콩깍지는 지금이나 예전이나 마찬가지인가 봅니다. 지금으로부터 80년 전에, 외모가 후임 병사의 전체적인 평가에 영향을 미치는 '콩깍지 효과' 때문에 고민했던 사람이 있습니다. 심리학자 에드워드 손다이크Edward L. Thorndike가 그입니다.

그는 군 장교 두 명에게 휘하에 거느리고 있는 병사들을 평가해달라고 요청했습니다. 그들의 목소리나 표정과 같은 외모에서부터 리더십, 충성도, 희생정신 등을 평가했죠. 결과를 살펴보니, 외모 점수가 높은 병사들이 다른 항목의 점수 역시 높은 것으로 나타났습니다. 심리학에서는 이렇게 사람의 일부로 그의 전체를 평가하는 것을 '후광 효과halo effect'라고 합니다.

흔히들 장난으로 꽃미남과 꽃미녀, 혹은 연예인을 보고 "쟤는 예쁘고 잘생겼으니까 그것쯤 못해도 용서가 돼"라고 말하는 경우가 있습니다. 또는 '쟤는 예쁘고 잘생겼으니까 운동도 공부도 모든 걸 잘하겠지'라고 생각하곤 합니다.

그런데 그것이 농담으로만 그치는 게 아니라, 사실상 그렇게 말하고 생각하는 사람의 무의식을 은연중에 조종하고 있습니다. 잘생겼다는 이유로 용서되는 경우처럼 못생겼다는 이유로 욕을 먹는 경우도 이 때문입니다. 이따금은 못생겨서 그냥 호감이 안 간다고 말하기도 합니다. 이러고 보면 멋지고 예뻐지려고 앞 다투어 성형수술을 감행하는 시대가 온 것도 무리는 아닐 테죠.

후광 효과는 외모에만 그치지 않습니다. 한 가지 특성이 강하게 작용해 다른 특성들을 가리는 것도 후광 효과라 할 수 있죠. 가령, 상대를 평가할 때 중요하게 보는 부분이 외모가 아닌 재력이라면, '돈이 많다'는 특성 하나로 그의 작은 키나 저학력 같은 부분이 충분히 가려질 수 있죠. 길에서 마주치는 한 커플을 보며 '도대체 저렇게 아름다운 여자가 왜 저런 남자랑 사귈까? 돈이 많아서 그런가?'라며 혀를 차기도 합니다.

내가 그를 볼 때 그도 나를 본다

이렇듯 모든 사람들은 알게 모르게 후광 효과의 노예로 하루하루를 살고 있습니다.

사실 무의식적으로 일어나는 이런 심리현상은 개개인이 통제하기가 어렵습니다. 다만, 우리는 어쩔 수 없이 후광 효과의 노예임을 인정하고, 어떻게 하면 그것을 효과적이고 논리적이며 바람직하게 이용할 수 있을지를 생각해야 합니다.

가장 먼저, 후임과 같은 타인을 평가할 때 혹시나 자기 자신이 이러한 심리 장난에 놀아나고 있는 건 아닌지 뒤돌아봐야 합니다. 내가 싫어하는 한 부분을 과장해서 비난하느라 그 사람의 장점마저 놓치고 있는 게 아닌지 말입니다.

이는 반대로, 그가 나를 평가할 때 후광 효과를 갖고 대할 수도 있다는 사실을 감안해, 칭찬과 비판을 곧이곧대로 받아들여서는 안 된다는 것을 말해줍니다. 너무 으쓱하지도 자포자기에 빠지지도 말아야 한다는 거죠. 그가 나의 작은 장점이나 단점을 놓고 전체를 싸잡아 평가한 것인지도 모르기 때문입니다.

그런데 만약 후광 효과의 덕을 톡톡히 보고 싶다면, 그가 나의 어떤 점에 중점을 두는지를 미리 알고 대하면 도움이 됩니다. 단정함을 우선시하는 상대를 대할 때는 그 어떤 점보다도 단정함에 중점

을 두어야 하죠. 게다가 그의 단정한 용모를 칭찬한다면 더할 나위
없는 효과를 볼 것입니다.

자신만의 콩깍지를 만들어가는 것, 그게 후광 효과의 오묘한 매
력입니다.

남 탓하기 바쁜
후임 길들이기

Question

입만 열었다 하면 온갖 변명만 늘어놓는 후임.
이 때문에 지켜보고 지시하는 내가 피곤하다.

최근에 이병 하나가 들어왔는데, 그놈 때문에 골치가 아픕니다. 사고를 쳐놓고는 입만 열면 변명만 늘어놓습니다. 이 글을 쓰는 오늘은 말이죠.

"어제 새벽에 초코파이 몰래 먹고 포장지를 변기에 버려서 막혔다며. 왜 그랬어?"

"제가 분리수거하려고 했는데 화장실 쓰레기통이 꽉 차서……."

"그게 변명이야? 오늘 아침에 보니까 쓰레기통 비어 있던데? 그럼 초코파이는 왜 먹었어? 그것도 화장실에서 몰래."

"그건…… 남아 있기에, 배고파서……."

죄다 이런 식입니다. 이건 이래서 이렇고, 저건 저래서 저렇고……. 저는 그가 진실을 말해주기를 원한 건데 돌아오는 답변은 지루한 변명뿐입니다. 잘못을 인정하고 책임을 지기보다는 어떻게든 빠져나가려는 핑계뿐이죠.

nswer

사람은 자신이 위기에 처했다고 생각할 때 남의 탓으로 돌려 자신에게

날아오는 비난의 화살을 피하려고 한다. 자신이 부정적으로 알려지는

걸 피하려고 하기 때문이다. 후임이 변명을 늘어놓는 이유도 그렇다.

그런 위기의식을 느끼는 이유는 '왜?'라는 물음에 있다. 왜 그랬느냐는

질문을 받으면 자신이 한심한 존재가 되기 때문이다.

'변명하는 네 속이 정말 궁금하다'

변명만 늘어놓는 후임의 심리를 구체적으로 살펴보죠.

정신분석학자인 안나 프로이드Anna Freud에 따르면, 변명은 본능적으로 일어나는 방어기제 중 '합리화rationalism'에 해당됩니다. 부정적인 평가로부터 자신의 자아상을 보호하려고 그럴 듯한 핑계를 대어 자신의 행동을 합리화하는데, 그게 흔히 말하는 변명입니다. 상황을 남의 탓으로 돌려 자신에게 날아오는 비난을 피해가는 게 이에 해당하죠.

서로에 대한 평가가 오가는 인간관계에서 부정적인 이미지보다는 긍정적인 이미지를 받기를 원하는 건 너무나 당연합니다. 그러니 변명은 의식적이든 무의식적이든 조직에서 살아남으려는 본능적인 생존 메커니즘이라 할 수 있죠.

심리학 서적들이 공통적으로 말하는 변명 대처법은 '자신의 말과 행동에 책임감을 기를 수 있도록 유도하라'입니다. 그런데 이렇게 당연한 말이 현실에서는 얼마나 통할까요? 변명하는 사람에게 "책임감 없는 거 아닙니까? 사실대로 말하고 책임질 줄 알아야죠"라고 말하면 어떻게 될까요? 흔해빠진 변명을 또 늘어놓을 것입니다. 자존심이 센 청춘들이 모인 군대에서 이런 설득으로 그를 바꾼다는 건 현실성이 없습니다.

그래서 좀 더 현실적인 방법이 절실합니다. 변명이 자신에 대한 부정적인 평가로부터 도망치려는 것이라면 역으로 부정적인 평가를 없애면 변명할 필요도 없겠죠.

어린 시절을 떠올려보세요. 노는 데에 빠져 숙제를 하지 않았음에도 불구하고 입에서 청산유수처럼 나오는 변명들······. 부모님은 단지 "왜 숙제 안 했니?"라고 물어보셨을 뿐인데 말입니다. 사람들은 "왜?"라고 물어보면 본능적으로 변명을 꺼내기 마련입니다. 질문의 본질이 아닌 다른 것에서 이유를 찾으려고 버둥거리죠. 이는 질문 자체에 그를 부정하는 뉘앙스가 들어 있기 때문입니다.

'왜 그럴까' 보다 '무엇 때문일까' 를

초코파이 포장지를 변기에 버린 후임도 마찬가지입니다. 다른 병사들이 지켜보는 앞에서 선임이 큰 소리로 "왜 그랬어?"라고 묻습니다. 그러면 후임은 '왜 그런 한심한 짓을 한 거야?'라는 의미로 받아들입니다. 말 속에서 자연스럽게 풍겨 나오는 부정의 뉘앙스가 심리적으로 불안감을 전해주는 거죠.

결국 후임은 자신을 보호하려고 변명을 늘어놓습니다. 단기간에 변명거리를 찾아내야 하니 변명 역시 어이없고 어리석은 게 대부분이겠죠. 따라서 이러한 '왜?' 식의 질문은 왜 그랬는지를 찾아내는 확실한 자초지종을 기대하기가 어렵습니다.

정말 그의 속마음이 궁금하다면 "왜 그랬어?"로는 절대로 원하는 답을 얻을 수 없습니다. 그 말에는 '당연히 해야 할 일을 왜 안 했어?'라는 부정적인 평가가 내포되어 있기 때문입니다.

곰곰이 생각해보면 그렇습니다. 세상에 당연히 해야 할 일이란 무엇일까요? 과연 있기는 한 걸까요? 부모님은 자녀가 "당연해요"라고 말하면 "이 세상에 당연한 건 없다"며, 버릇없다고 꾸짖습니다. 그런데 정작 자녀에게는 "왜 그랬어?"라고 물어보는 실수를 저지릅니다. 군대에서도 마찬가지입니다. 어쩌다 보니 자신도 모르게 그럴 수 있는데 말이죠.

변명하는 후임이나 후배, 자녀나 애인이 실수를 했다면 "왜 그랬어?" 대신 "무슨 일이야?"라고 물어보세요. 이 말에는 '무엇이 너를 그렇게 하도록 했니?'라는 메시지가 숨어 있고, 이것이 그에게 과정에 중점을 두도록 해줍니다. 그를 부정하는 뉘앙스는 없죠. 과정과 원인에 집중하면 자신의 잘못을 인정하고 사실을 말하는 경우가 많습니다.

변명과 남 탓을 늘어놓는 후임을 다스리고 길들이는 방법이 이런 말 한마디에 있다는 게 믿어지지 않나요? 믿지 못하겠다면 일단 한번 써보길 바랍니다. 이것은 후임 좀 다루었다는 수많은 선임들의 뼈를 깎는 시행착오로 입증된 방법입니다.

24
episode

펜싱선수가 찌르는 이유는
따로 있다

Question

사사건건 지휘관에게 일러바치는 후임 때문
에 죽겠다. 내가 무슨 말을 하면 그것도 찔러
댈까 싶어 말도 함부로 꺼내지 못한다.

저희 중대에는 '펜싱선수'가 있습니다. 펜싱선수가 뭐냐고요? 병영 부조리를 없애려고 주 단위나 주기적으로 하는 설문지 아시죠? 거기에 죄다 찌른다고 해서 그런 별명이 붙었죠.

보급 휴지가 안 나와 중대원들이 불편해 할 때가 있었는데 말이죠. 자기가 해결해주겠다고 연대장님께 전화를 걸어 휴지가 없다고 말한 겁니다. 덕분에 보급담당관님이 연대장님께 엄청 혼나고 토요일에 출근하는 사태까지 벌어졌죠. 중대 간부님들 분위기까지 싸해지고 말이죠.

제가 펜싱선수의 분대장입니다. 미칠 것만 같습니다. 답답해 죽겠어요. 간부님들도 펜싱선수만큼은 어떻게 할 수가 없는지 쩔쩔매기만 합니다. 덕분에 저만 죽어나가죠.

말년에 이렇게 꼬이다니……. 이병일 때가 훨씬 편했던 것 같아요.

nswer

그 심정, 잘 안다. 나도 병장 때 그런 병사를 여러 명 경험했으니까. 그들에게 조언하려고 하면 참 힘들다. "그런 건 찌르는 거 아니야!"라고 해봤자 돌아오는 건 "왜 안 된다는 겁니까?"뿐이다. 왜 그럴까? 그건 그의 입장에서는 주위 사람들이 자신의 이야기를 들어주지 않는다고 생각하기 때문이다.

눈높이를 맞춰주세요

누구나 신뢰 관계가 형성된 사람과 마음을 터놓고 이야기하는데, 심리학에서는 이런 관계를 '래포rapport'라고 부릅니다. 래포는 친밀함으로 얻어집니다. 새 학기가 시작되어 첫 수업에 들어갔다면, 아마 누구한테 말을 걸어야 할지 두리번거릴 것입니다. 그럴 때 자신과 공통점이 있거나 익숙해 보이는 사람에게 다가가지 않나요?

이처럼 고발만 하고 다니는 병사가 있다면, 주위 병사들이 자신의 이야기를 제대로 이해하지 못하고 들으려 하지도 않는다고 생각할 가능성이 높습니다. 자신과 공통점이 없다고 느끼는 거죠. 이럴 때는 그 병사에게 맞는 대화가 필요합니다. 그 병사와 친밀감을 형성해야 대화의 물꼬를 틀 수 있습니다. 이때 필요한 방법이 페이싱, 즉 보조 맞추기입니다.

가장 먼저, 그의 말투나 특성을 찾아내어 자신과 맞춰보세요. 그러면 그는 곧 자신과 비슷한 점이 있다고 생각해 긴장의 벽을 낮출 겁니다. 그때 그의 눈높이에 맞는 언어로 이야기를 나누는 게 중요합니다. 어린아이와 이야기 나눌 때를 생각해보세요. 네 살짜리 아이에게 사자성어를 섞어 말한다면 아이가 알아들을 수 없겠죠. 마찬가지로 그의 말투나 어조에 각별한 신경 써야 합니다.

말하는 속도를 맞추는 것도 효과적인 방법입니다. 그 병사가 '꿀빤다'*, '앗세이'* 등의 군대 은어를 섞어 쓴다면, 그 말이 거북하더라도 그런 단어를 넣어 이야기해보는 것도 한 방법이죠. 뿐만 아니라 그가 긴장해서 다리를 떨고 있다면 그 박자와 비슷하게 고개를 끄덕여보세요. 그와 자신이 같은 부류임을 은연중에 느끼게 하는 게 페이싱 대화법의 핵심입니다.

다만 주의할 점은 너무 따라 하고 있다는 느낌이 들지 않도록 해야 하는데, 그럴수록 센스와 연습이 절실합니다.

키워드로 읽고 키워드로 말하자

페이싱으로 어느 정도 친밀감을 형성했다면, 이제는 '나는 믿어도 된다'라며 신뢰관계를 굳힐 강력한 한 방이 필요합니다. 백트랙, 즉 맞장구치기가 그것으로, 간단하게 말하면 그가 한 말을 다시 한번 되풀이해주는 것입니다. 이때 그의 말에서 키워드를 찾아내는 것이 중요합니다.

선임이 괴롭혀 괴로워하는 후임이 "이 병장님, 저 요즘 김 상병이 자꾸 놀려서 힘듭니다"라고 하소연한다면, 여기서 중요한 키워드는 '김 상병', '놀리다', '힘들다'입니다. 이것을 백트랙해서 이야기해보세요. "그래? 나 같아도 힘들겠다. 내가 김 상병한테 말도 안 되는 걸로 놀리지 말라고 할게." 이렇게 키워드를 넣어서 그의 말을 되풀이해주는 것입니다. 단순히 "내가 얘기해볼게"라는 말보다 '내가 네 입장을 들었고 잘 이해하고 있다'는 의미를 듬뿍 담고 있지 않나요.

　주의할 점은 그의 말을 그대로 똑같이 따라 하면 거부감을 살 수 있다는 것입니다. 키워드 몇 개를 잡아서 유연하게 사용해보세요.

　사실 페이싱과 백트랙을 활용한 신뢰 형성은 대화법보다는 듣는 것, 즉 경청이 우선입니다. 가장 효과적인 대화는 상대방의 말을 듣는 자세부터 갖추는 것임을 명심하기 바랍니다. 이것이 가능하다면 병사들이 자기만 찾아 상담하고자 할 겁니다. 귀찮아질지는 모르겠지만, 그건 페이싱과 백트랙이 확실히 통한다는 증거이기도 하겠죠.

 민간인은 모르는 군대 용어

● 꿀 빤다 | '편하게 근무한다'라는 군대 비속어로, 아주 편한 보직을 받거나 쉬운 작업을 받을 때 사용한다. 흔한 말로 '군 생활 날로 하는 것'을 뜻한다.

● 앗세이 | 좋은 물건이나 새것을 지칭하는 뜻으로, 신병이나 새 보급품을 일컫는 속어. 원래는 미군 보급 물자 목록에 적혀 있던 assembly를 일본 사람들이 줄여 부른 것이 굳어진 것이다.

25
episode

선임이면
선임값부터 하라

Question

요즘 후임들은 왜 이렇게 말을 안 듣는 걸까?
선임이 지시하면 그게 무엇이든 즉시 할 생
각은 하지 않고 말대꾸만 하질 않나…….

우리 아이들이 미쳤어요. 선임 무서운 줄을 모릅니다. 말을 죽어라 안 들어요. 저는 군 생활 할 만큼 했잖아요. 그래서 좀 쉬려고 얘들에게 시키면 뭐라고 하는지 아십니까?

"김 상병님은 왜 안 하십니까? 간부님께 보고 드립니다."

"뭐? 자식아!"

"지금 자식이라고 하셨습니까?"

이런 식이에요. 아무리 장난으로 말했다고쳐도 정신 나간 거 아닙니까? 초등학생들 캠프 온 줄 아는가 봅니다. 이렇게 무시당하면서 군 생활 하기가 억울하고, 못 해먹겠습니다. 선임이 시키면 "예, 알겠습니다!" 이 말부터 나와야죠. 선임 대우 안 해주는 후임의 버르장머리를 '고상하게' 고쳐줄 방법, 없을까요?

Answer

선임은 벼슬이 아니다. 시간이 지나면 자연스럽게 후임이 따라 와줄 거라는 안일한 생각은 버리는 게 좋다. 지금은 그런 시대도 아니다. 군대, 아니 모든 조직이나 사회가 그렇게 쉽게 돌아가지 않는다. 그렇게 생각하다가 도리어 후임에게 무시당할지도 모른다.

나를 구속하는 힘, 권위

비뇨기과에 들어섭니다. 간호사가 검사해야 하니 바지를 벗으라고 요구합니다. 부끄럽지만 '그냥 바지일 뿐이니까' 하고 생각합니다. 이번에는 간호사가 속옷도 벗어달라고 합니다. 잠시 망설입니다. 하지만 "잠깐만. 그건 안 돼요. 엄마 앞에서도 벗지 않는 속옷을 당신이 누군데?"라고 말하지는 않습니다. 곧바로 생전 처음 보는 여자 앞에서 속옷을 벗겠죠.

이렇게 그가 간호사나 의사일 때 우리는 부끄러운 행동도 당연하다고 생각합니다. 병원이라는 장소와 간호사라는 전문성이 그들의 말에 권위를 실어주기 때문입니다.

사회심리학자인 스탠리 밀그램Stanley Milgram은 이런 실험을 했습니다.

실험 참가자들에게 한 학생이 퀴즈의 답을 틀릴 때마다 순차적으로 더 높은 전기충격을 가하도록 했습니다. 물론 학생은 소리를 질러 전기충격을 받는 척 연기했을 뿐이죠. 그런데 실험 결과, 참가자 중 65퍼센트가 그 학생에게 최고 전압까지 전기충격을 가했습니다. '실험을 주관하는 사람이 이 분야의 박사니까 하라는 대로 해도 되겠지'라며 스탠리 밀그램의 권위에 어쩔 수 없이, 혹은 당연히 복종한 거죠.

영화에서 가짜 경찰 배지를 보여주고 차를 훔쳐 달아나는 장면을 종종 볼 수 있는데, 그런 경우는 결코 영화 속의 일만은 아닙니다. 여러분이라고 당하지 않으리라는 보장이 없습니다.

이렇듯 직책과 전문성이 주는 권위에 자신도 모르게 굴복하며 살고 있습니다. 군대라고 다를 리 없죠.

권위는 남들이 인정해야 빛난다

비뇨기과의 예로 돌아가겠습니다. 상상하는 것만으로도 부끄럽지만, 어떤 간호사 앞에서 속옷을 벗기가 쉬운지 골라보세요. 물론 간호사는 여자입니다.

① 30대 중반의 노련해 보이는 말투와 낮은 굽을 신은 점잖

은 간호사.

② 20대 초반으로, 높은 하이 톤의 애교 섞인 목소리. 모델
뺨치는 몸매가 한눈에 드러나는 옷과 킬힐.

대부분이 ①번 간호사 앞에서 마음 편하게 옷을 벗을 수 있다고
할 것입니다. ②번 간호사보다는 ①번 간호사가 치료라는 전문성
을 가진 진짜 간호사처럼 보입니다. 다시 말해, 직책의 권위는 그
자리에 맞는 행동과 격식이 병행되어야 얻을 수 있습니다.

질문으로 돌아와, 후임의 마음을 휘어잡으려면 선임다운 선임이
되어야 합니다. 단지 계급으로 그들이 따라오기를 바란다면 순진한
생각이죠. 상명하복이 뚜렷한 군대이기에 선임이 하라면 후임은 어
쩔 수 없이 하겠지만, 뒤에서는 수군댈 것이 분명합니다. 과거에 그
런 선임을 몰래 비난했던 것처럼 말입니다. 물론 선임답다는 것을
오해해서는 안 됩니다. 폭언이나 폭행으로 센 척하는 것이 선임이
아닙니다. 일을 맡으면 꾀부리고 열외하거나 고생은 후임이 했는데
칭찬만 받아 챙기는 것만 하지 않아도 좋은 선임이 될 수 있습니다.
후임 앞에서 할 만큼 했다며 거들먹거리는 것도 없어야겠죠.

정말 필요한 것은 후임을 이끌어줄 수 있는 카리스마
와 능력을 갖는 것입니다. 권위는 아무 노력 없이 주어
지는 것이 아니라 스스로 만들어가는 것입니다.

선임이면 선임값부터 하라

선임 대우를 받는다는 것은 생각보다 어렵습니다. 특히, 나이가 비슷한 상황에서 군에 입대해 갑자기 선·후임이 나뉜 것이기 때문에 후임은 반발심이 일기 마련입니다.

권위를 얻으려면 군대에서는 '선임값'을 해야 합니다. 그러려면 선임으로서 꼭 해야 할 일은 반드시 스스로 하는 것이 중요합니다. 그렇다고 후임은 가만히 있는데 혼자서 땀 뻘뻘 흘려가며 일하라는 말은 결코 아닙니다. 후임에게 생색내려는 솔선수범도 옳지 않죠. 후임은 작업할 때 같이 작업하고 그러면서 자신이 갖고 있는 노하우를 전수하는 그런 선임을 따릅니다. 무턱대고 지시만 하는 선임은 존중받기가 어려운 법이죠.

"아무리 그렇게 해도 말을 안 듣는 후임이 있지 않습니까?"

물론 그렇습니다. 성정이 비뚤어질 수도 있습니다. 그렇다고 영창으로 보낼 수는 없는 일입니다.

이럴 때 활용할 만한 실전 응용법을 알려드리겠습니다. 자신보다 높은 계급의 권위를 활용하는 것입니다. "○○님이 이거 해놓으라고 하더라"라며 권위의 힘을 빌려 지시하는 거죠. 권위자의 지시에 굴복할 수밖에 없기 때문에 그런 후임도 여러분의 말에 따를 것입니다.

26
episode

괴롭혔던 군대 후임이
직장 상사라니

Question

새 직장을 얻었다. 그런데 이런! 직장 상사가
군에서 내가 그렇게 괴롭혔던 후임이라니.
입사하자마자 내게 복수하기 시작했다. 왜
나한테 이런 일이…….

새 직장에 첫 출근하는 날이었습니다. 전역한 다음 번듯하게 제 힘으로 들어간 직장이라 너무나 신이 났죠. 깃털보다 가벼운 발걸음으로 휘파람을 불며 도착한 사무실. 내 바로 위 상사라는 분이 부릅니다. 군대 선임이 부를 때보다도 더 빠르게, 전광석화같이 달려갔습니다.

"네!"

이병 때처럼 관등성명을 대는 동시에 발부터 움직이는 느낌이었습니다. 그런데!

"설마했더니 이 병장, 오랜만이네! 내 직장 후배가 될 줄이야! 잘됐다!"

잘되었다고요? 이런 제길. 하하⋯⋯. 완전 망했습니다.

잡일만 매일 시킵니다. 툭하면 직장 안에서, 남들 보는 앞에서 내게 면박도 주고요. 웃음밖에 나오지 않습니다. 하필이면 내가 군대에서 그렇게 괴롭혔던, 그런 나 때문에 탈영하고 싶다던 김 상병이 내 직장 상사라니 말입니다. 세상 참 좁다지만 이건 말도 안 되지 않나요?

 nswer

웃음밖에 나오지 않는 상황. 이래서 군대에서 선·후임한테 잘해야 한다는 말이 있나 보다. 그런데 사실 이건 아주 특별한 상황이라고 할 수는 없다. 주위에서 자주 일어나니까. 제대하면 동료들을 다시 만날 수 없을 것 같지만 조금만 주위를 기울이면 얼마든지 다시 만난다.

복종 실험으로 유명한 스탠리 밀그램Stanley Milgram과 제프리 트레버스Jeffery Traverse는 "세상 참 좁네"라는 말을 심리학적으로 접근해보기로 했습니다.

그들은 실험 지원자 296명에게 보스턴에 사는 한 인물이 편지를 읽을 수 있게 아는 사람들을 총동원해서 전달하도록 했습니다. 성공적으로 도착한 64개의 편지가 어떻게 전달되었는지 조사해본 결과, 그들은 평균적으로 5.5명의 사람을 거치면 원하는 주소지를 알아낼 수 있다는 것을 밝혀냈습니다. 참가자들이 자신의 인맥이 넓다고 생각해서 실험에 지원했을 가능성이 있고, 그 때문에 실험에 오류가 있을 수 있더라도 말입니다.

같은 실험은 다른 곳에서, 다른 방식으로도 이루어졌습니다. 컬럼비아대학교에서는 편지 대신 이메일로, 마이크로소프트에서는 메신저로 비슷한 실험을 했는데, 대부분이 최대 여섯 명 안에 이어진다고 밝혔습니다.

이처럼 '전 세계 사람들이 모두 여섯 단계 안에 이어진다'는 것을 '6단계 분리 법칙'이라고 합니다. 기술이 발전하지 않았던 예전에도 그랬으니 트위터나 페이스북 등 SNS 서비스가 인터넷을 지배하고 있는 지금은 더 볼만하겠죠.

"너 어디 살다 왔어? 고등학교는 어디 다녔어?"

전입 신병에게 빠지지 않고 등장하는 단골 질문입니다. 그러면 중대에 꼭 한 명은 겹치는 친구가 있거나 같은 동네에서 살다 온 경우가 있습니다. 만약 같은 동네에 살던 병사라면 이어지는 질문은 당연히 이렇습니다.

"그럼 ○○○ 알아?"

우리나라처럼 단일민족으로 이루어져 있고 인구밀도가 높은 나라는 아마도 여섯 단계보다 더 적은 단계로 관계가 형성되어 있을 것입니다. 그건 내가 아는 사람을 길거리에서 마주칠 확률도, 내 지인을 아는 사람을 만날 확률도 훨씬 높다는 거죠. 가끔 친구들을 만나면, "너, 여자친구 생겼다며?"라면서 말하지도 않은 비밀을 다 알고 있기도 합니다. 어떻게 알았느냐고 물어보면, 우연히 만난 친구가 이야기해주었다는 경우를 종종 겪는 것도 그래서입니다.

홍수처럼 넘치는 시선들에 감시당하고 있는 것 같은 기분이 들지 않았나요? SNS 서비스에 들어가 친구의 친구를 '파도타기'하다가 그 사람이 예전에 만났던 애인의 친구였음을 알게 되고 소스라치게 놀라며 '역시 세상 참 좁아' 하고 중얼거린 경험도 있겠죠. 군대에서 괴롭히던 후임이 직장 상사가 되는 경우뿐만 아니라, 군대에서 도움을 받던 선임이 직장 후배로 들어오는 일도 있겠죠. 회사의 고객으로 오는 경우도 있을 테고요.

따라서 그렇게 마주쳤을 때 서로가 진심으로 반가운 사이가 되려면 오늘부터라도 옆에 있는 병사들을 소중하게 여기고 신경 써야 합니다. 그들 모두가 소중한 자산이니 말입니다. 장담하건대, 인생을 살아가며 한두 번은 반드시 그들과 마주할 테니까요.

27
episode

전입한 신병,
내 새끼로 키우기

Question

드디어 내 밑으로도 신병이 들어왔다! 이 녀석
을 정말 잘 키우고 싶은데, 좋은 방법 없을까?

오늘은 따끈따끈한 신병을 받는 날입니다. 예전 생각이 솔솔 납니다.

보통 전입 신병이 중대로 오면 행정반이나 소대 생활관에 앉아 행정보급관님과 면담하기 전까지 약간의 대기시간이 있죠. 제가 각을 잡고 정자세로 앉아 있는 동안 선임들이 둘러싸고 웅성거리기 시작하는데, 물어보는 질문은 거의 다 비슷합니다.

"어디서 왔어?", "어디 살아?", "몇 살이야?", "사회에서 뭐하다 왔어?", "여자친구는?"······. 물론 짓궂게 겁을 주는 선임도 있었죠. "내가 몇 살 같아 보여?", "너 이제 끝났다"······. "나는 곧 집에 가. 나한테는 그냥 형이라해. 너는 한참 남았잖아"라면서 장난스럽게 말을 건네는 말년 병장도 있었고요. 짓궂은 선임에게는 거리감이 느껴집니다. 생각했던 것보다 배치 받은 자대가 별로일 때, '이제 어떡하지?' 하는 생각이 앞서기도 합니다.

반면에 "너무 긴장하지 말고 편하게 있어"라며 웃으면서 이것저것 먹을 것을 챙겨주는 선임, "심심하지 않냐?"라며 걸그룹이 나오는 음악 프로그램을 틀어주며 춤추는 선임······. 그런 선임들에게는 정감이 가고 의지할 수 있을 것만 같기도 하죠.

이랬던 제가 이제는 전입 신병을 내 새끼로 키우는 방법을 묻고 싶은 선임이 되었습니다.

nswer

이미 답을 알고 있는 것 같다. 전입 신병을 다루는 법은 '각인 효과'에 있다. 알에서 부화된 새끼 오리는 태어나자마자 마주치는 대상을 자신의 어미로 알고, 그 뒤를 졸졸 따라다닌다. 초기 단계에 이렇게 각인된 대상은 성장을 마친 후에도 계속 영향을 미친다. 신병도 마찬가지!

자대 전입, 알을 깨고 나오는 과정

자대로 갓 전입해온 이병은 알에서 갓 태어난 병아리와 다를 바 없습니다. 훈련병 생활은 알을 박차고 나오기 전, 완전한 병아리의 형태를 만드는 과정이라고 해도 무방합니다. 행군으로 단련된 다리, 사격을 위한 눈 등 국방의 의무를 수행할 군인으로서의 기본적인 요소를 배우고 나온 병아리입니다. 작대기 하나 또는 배터리 한 칸인 이병의 계급을 부여받고 드디어 새로운 군인의 신분으로 탄생하는 거죠.

그런 신병에게 자대는 모든 것이 어색하고 낯선, 야생과도 같은 곳입니다. 하지만 남은 군 생활에서 살아남기 위해 하루빨리 적응해야 할 곳이기도 하죠.

신병들에게는 2주대기 또는 스마일기간이라는, 전입한 후 2주 동안 자대에 적응하는 틈이 있습니다. 그렇지 않은 경우도 있겠지만, 보통 이 기간 동안 갓 들어온 신병은 모든 근무나 청소에서 제외됩니다. 선임들이 이것저것 가르쳐주면서 일대일 전담 마크로 코칭해주는 기간이죠.

신병은 그 기간 동안 무의식적으로 선임이나 간부들을 두 부류로 나눕니다. 군대라는 사회에서 살아남으려는 일종의 자기방어죠. 그에 따라 자신을 보호할 수 있으며 친해지기 쉽고 믿고 따를 만한 부류와 피해야 할 부류로 분류합니다.

대부분 이 적응 기간 동안 친해진 선임과는 사회에 나가서도 좋은 관계를 이어가는 경우가 많습니다. 나중에 자신에게 무섭게 대하고 마찰이 생기더라도 '내가 처음 왔을 때 많이 도와주었지'라는 생각에 어느새 상대방을 이해하려고 하죠.

반면에 사사건건 이래라저래라 하며 "이래서 틀려먹은 거 같아"거나 "왜 이렇게 멍청해!"라는 말을 습관처럼 하는 선임이나 지나가며 툭툭 치거나 건드리는 선임은 신병에게 큰 상처를 줍니다. 사회에서는 별것 아닌 말도 군대에서는 상처 받기 쉽고, 계급으로 철저하게 나뉘어 있는 군대에서는 같은 말도 위화감만 앞섭니다. 그럴 때는 '밖에 나가면 별것도 아니면서……'라며 전역하는 날까지 부정적인 대상으로 각인되죠.

작은 배려가 신병에게는 큰 힘

적응 기간 동안 각인된 이미지는 계속 남아 있게 마련입니다. 새끼 오리가 태어나자마자 마주한 상대의 뒤꽁무니를 커서도 졸졸 따라다니는 것처럼 말입니다. 물론 신병은 새끼 오리와는 달리 처음 마주한 상대가 아닌, 자신에게 호의를 베풀어준, 또는 적응하기 쉽게 옆에서 도와준 그를 따르는 것이지만 말입니다.

동물들의 각인 효과는 행동학적이고 생물학적인 면을 말하는 반면, 사람의 각인 효과는 심리적인 면을 말합니다. 이 각인 효과로 우리는 중요한 교훈을 얻을 수 있습니다. 낯선 환경에 들어선 사람은 자신을 올바르게 안내해 줄 누군가를 무의식적으로 찾고 있다는 것을 말입니다. 따라서 인기 있는 선임으로 거듭나고자 한다면 전입한 지 얼마 안 되어 힘들게 적응하고 있는 후임을 공략해보세요. 적응 기간이 후임에게 점수를 딸 절호의 기회입니다.

그렇다고 없는 말을 억지로 지어내어 기를 살려주라는 건 아닙니다. 항상 칭찬만 해주라는 것도 아니죠. 잘못한 건 따끔하게 혼내야죠. 정당한 사유로 적절하게 혼내면 수긍하게 마련입니다. 하지만 불필요한 겁박이나 장난은 삼가는 것이 좋겠죠.

이제부터는 어쩔 줄 몰라 하며 살벌한 야생에 굴러 들어온 신병에게 지나가면서 '힘내라'나 '잘해보자'는 말, 또는 초코파이 하나를 건네기 바랍니다. 그럴수록 그에게 어둠 속의 빛처럼 각인될 것입니다.

28
episode

말만 잘해도
선·후임이 내 편으로

Question

선임을 대하는 것도 어렵고, 후임한테 명령
하는 것도 어렵다. 어떻게 하면 그들한테 편
하게 말할 수 있을까?

명령과 복종으로 이루어져 있는 군대.

저는 후임과 선임이 반반 정도입니다. 그러다 보니 굉장히 애매한 상황이에요. 선임이 많으면 무조건 말만 들으면 되고, 후임이 많으면 명령만 내리면 될 텐데……. 이렇게 계급이 애매하고 게다가 제가 소심하다 보니 후임에게 지시 내리는 것도 잘 못합니다. 그렇다고 선임들 대하는 것도 편하지만은 않습니다.

다른 병사들을 보면 부탁할 때도 굉장히 편하게 하고 사람들 대하는 것도 참 쉽게 한다는 생각이 듭니다. 후임과 선임들 모두가 그들을 A급이라고 칭찬하는 경우가 많고요.

nswer

군대도 사람들끼리 부대끼는 곳이다. 특히 군대는 비슷한 나이의 사람들을 모아놓고 선임과 후임을 정해놓다 보니 더 힘들 수밖에 없다. 그래도 선임이나 후임을 내 편으로 만들고 싶다면 쥐도 새도 모르게 발을 들여놓거나, 머리를 들이밀어 타협하라.

쉬운 부탁에서 어려운 부탁으로

사회심리학자인 조너선 프리드먼Jonathan Freedman과 스캇 프레이저Scott Fraser는 부탁에 관한 재미있는 실험을 했습니다.

그들은 여러 집을 방문해, 그들의 집 마당에 '안전운행하세요'라고 쓰인 큰 푯말을 꽂게 해달라고 요청했습니다. 그런데 20퍼센트만 그러겠다고 승낙했죠. 어떻게 하면 더 많은 사람이 그 청을 들어주게 할 수 있을까 고민한 그들은 이번에는 큰 푯말 대신 창문에 '안전운행하세요'라는 작은 스티커를 붙여줄 것을 요청했습니다. 그러자 거의 대부분이 승낙했습니다.

그들은 3주가 지난 후에 그 스티커를 붙이기로 승낙한 집들을 다시 방문해, 큰 푯말을 마당에 꽂아줄 수 있는지 부탁했습니다. 신기하게도 첫 부탁을 승낙했던 사람들 중 76퍼센트가 다음 부탁도 흔쾌히 들어주었습니다. 처음 쉬운 요구를 들어주고 나면 다른 사람에게 비쳐지는 자신의 모습을 유지하려고 이어지는 부담스러운 부탁도 승낙합니다.

이처럼 승낙하기 쉬운 것부터 공략하는 게 '발 들여놓기foot-in-the-door'입니다. 단계적인 대화 방법이죠.

다가오는 주말에 성과제 외박이 계획되어 있다고 칩니다. 게다가 오랜만에 애인이 찾아온다고 하니 멋있게 보이고도 싶습니다. 그런데 가지고 있는 야상, 즉 전투복 위에 입는 야전상의의 사이즈가 너무 크고 낡아서 멋이 나지 않습니다. 최근에 새로 들어온 신병 것을 빌려 입고 나가고 싶은데, 어떻게 부탁해야 할까요? 무턱대고 "요번 주 외박인데, 야상 좀 빌려줄래?"라고 뻔뻔하게 말한다면 과연 흔쾌히 빌려줄 병사가 몇이나 될까요? 선임의 부탁이니 빌려주기는 하더라도 불쾌하겠죠. 이럴 때 발 들여놓기가 필요합니다.

사로잡으려면 길부터 닦아 둘 일

후임이나 선임에게 부담스러운 부탁을 해야 한다면, 누구든지 흔쾌히 승낙할 쉬운 부탁부터 하는 것이 바람직합니다.

"이 일병, 그 펜 좀 빌려주면 안 될까?"에서 출발해, "미안하지만 오늘 야간 근무 때 LED 좀 빌려줬으면 좋겠어"로 넘어가고, 마침내 "내 야상이 낡아서 그런데 하루만 야상을 빌릴 수 있을까?"로 마무리해보세요.

자신이 원래 원하던 야상 빌리기에 성공하는 능구렁이 같은 방법이죠. 그들에게 '나는 부탁을 잘 들어주는 사람이다'라는 이미지를 심어주고 그 후에 자연스럽게 조종하는 겁니다. 다만, 아무리 작은 요구라도 상대방의 특성을 감안하면서 부탁해야 합니다. 그의 관심사가 무엇인지, 그가 어떤 요구를 잘 들어주는지를 파악하고 있다면 더더욱 수월하겠죠.

이는 연애할 때도 마찬가지입니다. 어느 누가 처음 본 이성에게 "저와 결혼해주겠습니까?"라고 말하겠습니까? 영화나 공연, 드라이브, 맛있는 저녁 등등 여러 번의 데이트와 만남으로 그 사람을 알아간 후에야 그런 말을 꺼낼 수 있죠.

이처럼 발 들여놓기는 무리한 부탁을 하기 전에 상대방의 심리 장벽을 조금씩 뛰어넘는 접근이 필요하다는 것을 알려줍니다. 사탕을 달라고 하더니 이번에는 맛있는 아이스크림을 사달라고 하고, 그랬더니 이번에는 비싼 장난감을 사달라고 칭얼거리는 아이들도 이 대화법을 실천하고 있는데, 여러분도 그런 비법 하나쯤은 닦아두어야겠죠.

머리부터 들이미는 것도 방법

그런데 여러분이 좀 더 대담하고 모험가 스타일이라면 두 번째 방법을 적극 추천하고 싶습니다. '머리 들이밀기 door-in-the-face'입니다. 쉬운 부탁부터 차례차례 해나가는 발 들여놓기와는 반대로, 이번에는 부담스럽고 무리한 부탁부터 시작해서 차례차례 수위를 낮춰가며 원래 구상했던 부탁을 하는 겁니다. 특히, 이 방법은 후임과 후배에게 적극 활용할 수 있습니다.

예를 들어, 후임이 어떤 일을 오후 3시까지 끝내주기를 바라고 있습니다. 그러면 처음에 부탁할 때 무리인 걸 알면서도 "혹시 이거 점심시간까지 끝내줄 수 있을까?"라고 말합니다. 그러면 후임은 얼굴을 찡그리는 등 거부감을 드러낼 것입니다. 그러면서 머리를 굴려 적당한 대답, "오후 2시까지 하면 안 되겠습니까?"라며 타협안을 제시할 것입니다. 그러면 "그래!"라는 말 한마디만 하면 됩니다. 타협안을 제시하지 않는다면, "그게 무리면 혹시 오후 2시까지는 안 되겠니?"라고 먼저 제시하면 됩니다. 어쨌든 처음에 원하던 데드라인보다 한 시간이나 앞당겼으니 큰 수확을 본 셈입니다.

이처럼 머리 들이밀기는 그에게 무리임을 알면서 부탁하는 데에 묘미가 있습니다. "나는 사실 A를 원하는데 너를 생각해서 B에 만족하겠어"라며 그의 편의를 봐주는 듯한 뉘앙스를 풍기는 거죠.

쉬운 부탁으로 시작해서 원하는 부탁에 이르는 발 들

여놓기와 무리한 부탁에서부터 타협안을 찾아가는 머리 들이밀기. 이것은 군대뿐만 아니라 인간관계로 가득한 사회생활에서도 널리 활용할 수 있는 심리 병법입니다. 칭얼거리는 아이를 길들이는 것뿐만 아니라 새침데기 애인을 길들일 수 있는 방법이기도 하죠.

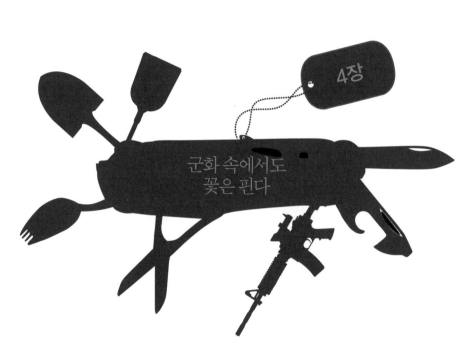

심리학 군대

4장

군화 속에서도
꽃은 핀다

메마른 삶에
초코파이를 내려주소서

Question

훈련소 때는 초코파이가 그렇게 맛있었는데,
자대에 오니까 그 맛이 안 나던데, 이거 왜 이
러지?

군인들 하면 떠오르는 게 초코파이! 신교대나 훈련소 때 그렇게 맛있던 전설의 초코파이! 지금도 훈련소 때 생각하면 가장 기억에 남는 게 뭐냐고요? 종교활동! 왜냐하면 기독교, 천주교, 불교, 원불교 등등 여러 가지 종교활동을 가면 훈련병들이 환장하는 초코파이와 탄산음료가 있기 때문이죠. "주여, 메마른 삶에 초코파이 하나만 내려주소서!"라고 외치던 날들. 우렁찬 함성은 웬만한 콘서트장 뺨쳤지 말입니다.

그러나 자대로 와서 보니, 초코파이와 미지근한 사이다 한 캔이면 너무나도 행복하다고 울먹였던 게 하나도 맛이 없답니다. 오죽하면 선임들이 아직도 초코파이 좋아하느냐며 짬찌*라고 놀리기까지 할까요. 뭐가 어떻게 된 걸까요? 무엇이 입맛을 바꿔놓은 걸까요? 분명히 같은 초코파이일 텐데……

nswer

만족할 줄 모르는 본성 때문이다. 처음에 가지고 있던 물건이 증가할수록 느끼는 행복감은 그와는 반비례로 감소한다. 제약이 심했던 훈련소 시절에는 귀하던 사이다와 초코파이가 이제는 PX만 가면 쉽게 구할 수 있으니 더는 맛있게 느껴지지 않는 것.

내가 가지고 있지 않은 걸 갈망하지 않나요? 자신에게 없는 걸 얻어야만 행복하다고 느끼죠. 가난할 때는 '돈만 있으면 행복할 거야'라고 믿고, 외로울 때는 '애인만 있으면 내 삶이 완벽할 텐데……'라고 생각합니다. 그런데 막상 부자가 되면 '돈이 있다고 항상 행복한 건 아니다'라고 하고, 애인이 생기면 애인과의 다툼에 상심해 '애인이 있다고 항상 행복한 건 아니야'라고 생각합니다. 그렇습니다. 모두가 마찬가지입니다.

행복이란 상대적인 개념입니다. 수량이나 부피로 규정할 수 없는 게 행복입니다. 행복만 있는, 혹은 행복은 없는 절대적인 조건이 있는 것도 아닙니다. 예전에는 같은 사람을 보거나 같은 물건을 받고도 행복감을 느꼈는데, 이제는 그렇지 않은 경우가 얼마든지 있죠. 이는 행복의 질량이 바뀌는 게 아니라 우리 자신이 바뀌었기 때문입니다. 마음먹기에 달린 거죠. 원효대사의 유명한 해골 물 일화를 알 겁니다. 초코파이 역시 마찬가지입니다.

훈련소는 모든 것이 억압되고 자유로운 활동이 통제되어 있는 곳입니다. 사는 동안 이처럼 억압되어 있는 공간에서 생활해보기는 처음일 겁니다. 이런 경험은 유일무이하겠죠. 그런 상황 속에서 자기도 모르게 작은 것에도 감사를 배웁니다. 하지만 자대로 가면서 상황은 달라집니다. 훈련소와 달리 비교적 덜 억압된 환경에서 생활합니다. 그러자 점점 내면에 숨어 있던 욕구와 욕망이 꿈틀대기 시작합니다. 이제는 초코파이 따위에는 만족하지 못하는 거죠.

이는 군대뿐만이 아닙니다. 군대에 있으면서 늘 사회의 자유로운 공기를 갈망합니다. "전역만 하면 날아다닐 텐데"라고 말하던 선임을 기억할 겁니다. 그러나 전역 후 만난 그의 얼굴에는 이런저런 일에 쫓겨 짜증과 찌든 모습이 역력합니다. 그토록 바라던 사회에 나갔는데 왜 그런 걸까요? 이는 사회에 나가는 순간 군대에서보다 더 큰 만족감을 원하기 때문입니다. 그리고 그 만족감을 충족하지 못하자 불행하다고 느끼는 거죠. 행복은 주어지는 것이 아니라 자신이 만들어가는 것입니다.

사소한 행복을 느끼는 연습을 해야 합니다. 사실 군대라는 곳이 이 행복 체감 연습을 하기에 아주 완벽한 공간입니다. 일단 자신이 원하지 않는 곳에 와 있다는 것부터가 말입니다.

만약 지금 있는 곳이 힘들다면, 그보다 더 힘든 곳, GP*나 GOP*에서 근무하는 다른 병사들을 생각해보세요. 지금 나를 기다리는 '고무신'과의 다툼 때문에 짜증나고 머리가 터질 지경이라면, 자신을 기다려줄 사람조차 없는 솔로를 생각해보세요. 이거 해라 저거해라 귀찮게 시키는 선임 때문에 탈영을 생각하고 있다면, 심심하면 얼차려 받고 조인트 까이던 예전의 군대를 생각해보세요. 그와 비교했을 때 과연 '내가 더 불행하다'고 장담할 수 있을까요?

이런 식으로 매순간 자신을 되돌아보고 일깨워가며 나아가는 게 행복 체감 연습입니다. 행복을 민감하게 받아들이는 능력을 하루하루 키우는 거죠. 오늘부터라도 주위에 놓여 있던, 체감하지 못하던 소소한 행복을 생각하며 미소 지어보세요. 장담하건대 2년간의 행복 느끼기 연습이 삶에 큰 축복을 내려줄 겁니다.

감사할 줄 아는 마음. 초코파이로 훈련병들에게 알려주려는 것도 그게 아닐까요?

 민간인은 모르는 군대 용어

● 짬찌 | '짬이 찌그래기'의 준말로, 자신보다 계급이 낮거나 갓 들어온 신병을 놀릴 때 쓰는 은어. 요즘에는 '신참'으로 순화해 부르도록 하고 있다.

● GP | Guard Post의 약자로, 감시(경계) 초소.

● GOP | General Out Post의 약자로, 주력 부대를 방호하기 위해 운용되는 부대. 통상 남방한계선, 즉 철책을 지키는 부대를 일컫는다.

30
episode

**힘들수록 나는
강해질 것이다**

Question

돌고 돌아 결국 최전방 사단에 배치된 운 없
는 사나이다. 나는 왜 이렇게 재수가 없을까?
앞으로 어떻게 버텨야 할지 막막하다.

저는 대한민국 1퍼센트의 사나이입니다. 운이 없어도 지지리도 없죠.

무슨 말이냐 하면, 보통 후방이나 경기도 지역으로 많이 떨어진다는 논산훈 련소에 입소했습니다. 그래서 얼씨구나 하면서 좋아했죠. 편한 데에 가겠다 싶어서요. 후반기 교육 없이 최전방 사단에 배치된 훈련소 동기들을 "너희 들 끝났다"면서 엄청 놀리기까지 했죠.

그런데 전라도 장성에서 후반기 교육 3주, 그리고 춘천 보충대에서 며칠을 보내더니 결국 최전방 사단……. 그것도 GP 경계병으로 배치된 겁니다. 게 다가 제가 훈련소 때 놀렸던 그 동기 있죠? 지금 그 동기와 같은 부대에 있는 겁니다! 운명의 장난도 아니고……. 인과응보인가요?

제 친구들을 보면 다들 후방 사단에서 편하게 있던데요. 사령부나 수도병 원 같은 데 말이죠. 집 옆에서 복무하는 얘들도 많고요. 저희 집은 경상도 김해라서 부모님이 면회를 오실 리도 만무하고, 휴가 갈 때도 꼬박 하루가 걸립니다. 한숨밖에 안 나와요.

경계병이라서 군기가 바짝 서 있고, 정신 바짝 차려야 하는 상황 때문에 하루하루가 죽을 맛입니다. 겨울이라도 되면 말이죠. 웃음밖에 안 나옵니다. 눈은 왜 그렇게 쏟아지는지. 거기에 힘겨운 제설작업에 식품보급까지 받아 야 하는 날이면 미칠 지경이죠.

이런 빌어먹을. 그 많은 곳들 중에 왜 하필 죽도록 힘들다는 이 최전방에 와 있는 걸까요?

nswer

안타깝지만 이왕 하는 군 생활을 최전방에서 당당하게 하는 것도 좋은 경험이 되지 않을까? "나 최전방이다!"하며 당당하게 어깨 펼 수 있으니까.

엎질러진 물은 되돌릴 수 없지만

많은 심리학 서적들, 선임 또는 인생 선배, 부모님은 이렇게 말합니다. "긍정적으로 생각하라!" 그러나 내 코가 석자인데 그런 말이 귀에 들어올 리 없습니다. 긍정은커녕 오히려 더 부정적으로 비뚤어질지도 모릅니다. 그렇다고 부정적인 생각만 하는 것이 도움 된다고 할 수는 없습니다.

필요한 건 긍정적인 사고인데, 그것 역시 정해진 방법이 있습니다. 긍정적으로 사고하는 규칙을 알아야 하는 거죠.

'리프레이밍reframing'을 소개합니다. 이는 관점, 즉 자신의 사고방식을 새롭게 구축하는 것을 말합니다. 급하고 서두르는 성격 때문에 걱정이라면 일처리 속도가 빨라서 단기간에 일을 많이 끝낼 수 있다고 생각하는 것입니다. 이미 엎질러진 물, 벌어진 상황을 되돌릴 수 있는 사람은 이 세상 어디에도 없습니다. 이럴 때는 그 상황을 바라보던 낡은 프레임을 버리고 새로운 프레임으로 교체하는 것뿐입니다.

상황을 바라보는 기존의 틀을 뜯어고치고, 상황에 맞는 방법을 몸에 익혀야 합니다.

여기서 주의할 게 있습니다. 리프레이밍과 긍정적인 사고방식에는 차이가 있습니다. 리프레이밍은 부정적인 사건을 무조건 긍정적으로 해석하는 게 아닙니다. 부정적이라는 느낌을 충분히 받아들이고, 그 안에서 자신의 사고방식을 바꿀 수 있는 기회를 노리는 거죠. 즉, 상황을 있는 그대로 받아들이지만, 긍정적인 것에 초점을 맞추는 겁니다. 무턱대고 '나는 다 잘할 수 있어'나 '무조건 잘 될 거야'라고 생각하는 것과는 거리가 멉니다.

힘들지만 그래서 더 강해진다

하필이면 그 많은 곳 중에 최전방에 배치되어 경계병으로 근무하고 있습니다. 분명히 편한 곳을 갈 수도 있었지만 운이 안 좋아서 최전방에 와 있는 거죠.

하지만 최전방에서 근무했다는 것에 자부심을 느끼고, 특별한 공간에서 이색적인 경험을 한다고 생각할 수 있습니다. 겨울철마다 되풀이되는 제설작업 때문에 고되고 벅차지만, 한편으로 그 시간을 자신의 체력을 단련하는 기회로 삼을 수도 있습니다. 사회에 나가서도 눈 하나만큼은 제대로 치울 수 있다는 자신감과 함께 말입니다. 미래를 위한 간접 경험의 기회로 생각할 수 있죠.

더구나 GP라는 특성상 외부와 차단되어 있는데, 이것을 '여러 가지 일에 심사숙고할 수 있는 자신만의 값진 시간'이라고 여길 수 있습니다.

상담 치료에서도 효과적으로 쓰이는 리프레이밍은 원만한 인간관계를 만드는 데에도 아주 효과적입니다. 과거에 있었던 사건이나 트라우마 때문에 마음고생이 심한 후임병이 있다고 합시다. 어렸을 때부터 따돌림을 많이 당했고 외톨이로 자란 그에게 이렇게 말하면 어떨까요?

"그런 경험이 있었기 때문에 자신을 둘러볼 기회도, 생각도 깊어진 게 아닐까?"

"그런 아픈 경험 덕분에 군대에서 여러 사람과 어울리는 소중함을 알 수 있는 게 아닐까?"

영문도 모른 채 최전방에 배치되었지만, 이 때문에 리프레이밍의 축복을 100퍼센트 활용할 수 있는 최적의 기회를 누리는 셈입니다. 위기를 기회로 만드는 것, 그것은 자신의 선택이자 능력입니다. 최전방에 있다면 그곳을 마음속에서 초특급 별장으로 만들어보기 바랍니다. 니체의 유명한 말처럼 말이죠.

"What does not kill me only makes me stronger."

나를 죽이지 못하는 건 나를 강하게 만들 뿐입니다.

31
episode

나는 왜
배치 운이 없을까

Question

최전방에서 근무하다 보니 아쉬운 점이
정말 많다. 왜 하필 이런 곳에 와 있나 싶다.

저는 최전방 GOP에서 근무하고 있습니다. 나라의 요충지를 지킨다는 자부심이 가득하죠. 하지만 그래도 저와 같은 최전방 부대 군인들은 2년이라는 시간을 이런 오지에서 보내야 합니다. 아무리 나라를 지키는, 성스러운 임무를 수행하고 있다 해도 그 시간이 아깝게 느껴지는 건 어쩔 수 없죠. 특히나 청춘의 패기와 열정을 한껏 뽐내고 싶을 때 말입니다.

현역으로 있으면서 공익근무 요원이나 면제를 받은 친구들이 부러웠던 게 사실입니다. 그 기간 동안 자격증을 따거나 취업을 대비해 할 수 있는 일이 많잖아요. 또 군대에서 꿀보직에 배정받거나 환경이 우수한 자대에 배치되어 편하게 지내면서 꿈을 준비하는 이들을 보면 속상하고 부럽기까지 합니다.

제 한 후임은 피아니스트를 꿈꿔왔는데, 원했던 음악 관련 보직을 받지 못하고 이 산골짜기 적막한 산하의 경계병으로 들어와 있습니다. 2년 동안 피아노를 치지 못하면 실력이 많이 떨어진다고 한숨만 푹푹 쉬고 있네요. 저도 마찬가지고요.

제가 포기해야만 했던 것들이 너무나 많다는 생각이 듭니다.

nswer

군대는 국방의 의무를 실천하는 곳이지 자기계발에 힘쓰는 곳이 아니다. 하지만 어느 누가 그걸 쿨하게 인정할까? 사람이다 보니 당연히 그 시간이 아깝기 마련. 그래서 최대한 시간을 아끼기 위해 여러 가지 계획을 세우지만 군대 특성상 그걸 할 여건도 아니다. 이런 상황에서는 이룰 수 없는 것을 과감하게 포기하는 게 현명하다.

'생존자 편견'은 자신만 피곤하다

악어에게 다리를 물려 비명을 지르는 상황을 떠올려봅시다.

악어의 날카로운 이빨이 살 속 깊숙이 파고들어 다리를 빼낼 방법은 없습니다. 이 상황에서 목숨을 건지는 가장 현명한 방법은 무엇일까요? 다리를 빼내려고 팔을 뻗어 악어의 입을 벌리는 것일까요? 그렇게 하다가는 오히려 팔도 잘릴 불상사가 벌어질 겁니다. 악어에 물렸을 때 살아남는 가장 현명한 방법은 물린 다리를 포기하는 것입니다. 미친 짓이라곤 할 수 없습니다. 다리 하나를 잃는게 목숨을 잃는 것보다는 나은 선택이기 때문이죠.

'일등만 기억하는 세상'이라는 표현을 알 겁니다. 잡지를 펼쳐보세요. 성공한 이들의 이야기로 가득합니다. 이것을 심리학에서는 '생존자 편견survivorship bias'이라고 부릅니다. 이 세상에는 생존자들, 즉 성공한 사람들의 이야기만 부각되고 실패한 이들에게는 관심을 적게 갖기 마련이죠. 성공하지 못한 케이스도 셀 수 없이 많을 텐데 말입니다. 물론 이런 성공 스토리들은 할 수 있다는 동기를 안겨주고 희망을 심어주는 데에 필요해 보입니다.

군대에서 마주치는 이야기라곤 2년이라는 시간을 성공적으로 보낸 이야기가 대부분입니다. 군에서 사법고시를 통과했다거나, 검정고시를 봐서 대학에 입학했다거나 하는 미담 말입니다.

하지만 이런 이야기들은 알게 모르게 성공해야만 한다는 부담감과 스트레스를 주기도 합니다. 이로 인해 원대한 목표를 세워야만 한다는 강박에 휩싸이고, 그것을 어떻게든 달성해야만 한다는 조바심에 빠지고 맙니다. 그래서 군대라는 특수한 환경을 감안하지 않은 채 무리한 계획을 세우죠.

군에서 계획을 세울 때는 '악어의 법칙'을 명심해야 합니다. 선택권이 극히 제한되어 있는 군대에서는 임의대로 작업하기가 어렵기 때문이죠. 군대에서는 이룰 수 없는 비현실적인 목표가 엄연히 존재합니다. GOP나 GP 등 군사 경계 요충지에서 국가 방위가 아닌 자기계발에 시간을 쏟을 수는 없죠.

이룰 수 없다면 현실을 직시하라

심리학자 카스텐 로쉬Carsten Wrosh의 연구에 따르면, '불가능한 목표'를 용감하게 포기할 줄 아는 사람들이 자신의 삶을 더 긍정적으로 평가합니다. 자신의 상황에서 이룰 수 없는 목표가 무엇인지 뚜렷하게 알고 포기할수록 스트레스 호르몬인 코르티솔 역시 낮게 나와 더 건강했습니다.

이룰 수 없는 목표에 너무 집착하면 극심한 스트레스에 빠지기 쉽습니다. 그러다 보면 다리를 물었던 악어에게 목숨을 빼앗기듯 모든 걸 잃는 상황이 벌어질지도 모르죠. 따라서 영어 공부도 하고 자격증 공부도 하고 싶겠지만, 작업과 훈련이 계속되는 곳에서는 많은 경우 불가능할 수 있음을 하루 빨리 인정하고 직시해야 합니다. 이룰 수 없는 일에 집착하다 보면 자신의 삶만 피폐해지고 불행해진다는 점, 명심하세요.

물론 스트레스 받는 모든 일을 쉽게 포기하라는 말은 아닙니다. 너무 쉽게 포기하는 건 버릇이 되기 마련이죠. 그러다 보면 쉬운 일조차 할 수 없습니다. 상황을 둘러보았을 때, 명백히 이룰 수 없는 목표에 머물러 있지 말라는 말입니다. 집착에 매달리다 보면 다른 일을 할 시간마저 낭비하기 때문이죠. 그 시간에 즐길 수 있는 다른 것들도 잃고 말입니다.

그 대신 현실적으로 이룰 수 있는 목표부터 선정하는 게 옳습니다. 공부하기가 너무 힘들다면 짬짬이 일기를 쓰거나 운동을 하는 것을 계획해보기 바랍니다. 상황에 맞게 이룰 수 있는 목표를 말입니다.

군대에서 잃는 게 많다는 생각에 빠져 있는 동안 다른 병사들은 여러 가지를 얻어 나갑니다. 그 생각을 포기하는 순간 뜻하지 않게 이룰 수 있는 축복이 많다는 것을 잊지 마세요. 행복한 미래를 위해서는 현재의 것을 과감하게 포기할 줄도 알아야 한다는 사실, 결코 잊지 말기를.

탈영하면
인생 꼬이는 줄 알면서

Question

분대원이 탈영했다. 어떻게 될지 뻔히 알면서
대체 왜 그러는 거야?

제 분대원 중 한 명인 박 일병이 탈영했습니다. 저, 내일모레가 전역인데 말이죠. 박 일병은 흔히 말하는 관심병사였어요. 제가 총대를 메고 전담 마크하던 병사였죠. 항상 군대에 적응하지 못하겠다면서 힘들어 했죠.

탈영하기 며칠 전에 선임 한 명과 다투었습니다. 같은 소대 타 분대장이었는데, 박 일병이 자신의 분대원을 괴롭혔다는 이유에서였습니다.

"앞으로 한 번 더 괴롭히면 내가 가만 안 둔다!"

"김 병장님은 제 말을 들으려 하질 않습니다! 저 놈이 싸가지 없게 굴어서 그런 겁니다!"

이렇게 언성이 높아졌고, 박 일병은 너무나 답답한 나머지 욕을 하면서 김 병장의 멱살까지 잡고 말았죠. 얼떨결에 한 자신의 행동에 당황한 박 일병이 위병소 쪽으로 도망치기 시작했습니다. 다행히 부대원들이 곧바로 뒤쫓아 가 울타리 근처에서 박 일병을 잡았습니다. 결국 박 일병은 탈영 미수와 하극상으로 징계위원회에 회부되었습니다.

군대에 있다 보면 틀렸다는 걸 알면서도 잘못을 저지르는 경우가 많습니다. 탈영하면 인생 종치는 거 알면서도 왜 그럴까요? 도대체! 이렇게 비상식적인 결정을 내리는 속마음, 뭐가 문제죠?

nswer

뻔히 알면서도 비이성적인 행동을 하는 건 '인지 부조화' 때문이다. 하극상을 저지르거나 탈영하는 병사들 대부분이 자신이 잘못하고 있다는 사실을 지각하고 있다. 다만, 이미 너무 멀리 와버려 돌아갈 길이 없다며 자포자기한다.

"종말은 오지 않았지만, 그래도 옵니다"

자신이 믿는 것과 정반대되는 상황과 마주치면 마음이 불편해지는 것을 '인지 부조화cognitive dissonance'라고 합니다. 신념에 위반되는 행동을 할 때도 마찬가지입니다. 이때 사람들은 마음에 불편함을 주는 이 불일치를 없애려고 합니다. 행동을 바꾸든지, 아니면 자신의 신념이나 태도를 바꾸든지 말입니다. 하지만 대부분은 이미 일어난 일을 바꾸기가 힘듭니다. 그 때문에 행동보다는 자신의 신념이나 태도를 바꾸는 것으로 이 불편함을 없애고 자신을 합리화합니다.

2012년 지구 종말 예언을 기억하십니까? 2012년 12월 21일이 되면 지구가 멸망할 거라던 이들이 많았습니다. 심지어 하늘의 심판을 받는 날이라고까지 칭하며, 모든 걸 포기하고 자신의 물건들을 정리하는 이들도 있었습니다. 하지만 아무 일도 일어나지 않았죠. 그러자 종말론을 떠받들던 이들은 자신의 신념이 정말 옳은지 부조화에 빠졌고, 하늘에서 이 세상에 두 번째 기회를 준 거라며 앞으로 더 열심히 살라는 뜻이라고 말했죠.

이처럼 사람들은 자신이 지키려는 신념과 눈으로 보는 결과가 일치하지 않을 때 불편함을 느끼고 그 불일치를 없애려고 자신을 합리화시킵니다.

1957년, 심리학자 레온 페스팅어Leon Festinger는 신념과 주어진 정보가 다를 때 인지 부조화가 일어난다고 밝혔습니다. 그는 학생들에게 한 시간 동안 매우 지루한 일을 반복하도록 시켰습니다. 학생들이 그 일에 부정적인 평가를 내릴 건 분명했죠. 그런데 한 시간 후, 돈을 줄 테니 그 일을 재미있었다며 다른 사람들에게 추천해달라고 했습니다. 그런 다음 실제로 일이 얼마나 재미있었는지 평가해달라고 부탁했죠. 신기하게도 대가로 20달러를 받은 학생보다 1달러를 받은 학생들이 그 일이 더 재미있었다고 평가했습니다.

이 실험이 어떤 의미를 갖고 있는지 헷갈릴 겁니다. 학생들은 지루한 일을 한 시간 동안 반복했습니다. 그런데 재미있었다고 거짓으로 증언해야 할 상황이 왔으니 인지 부조화에 빠졌을 겁니다. 자신의 신념이나 행동을 바꿔야 할 순간이 온 거죠.

이때 20달러를 대가로 받은 학생들은 '일은 지루했지만 20달러를 받았으니 괜찮아. 거짓말? 까짓것 해주지. 그런데 일은 지루하긴 했어'라고 생각하며, 거짓말을 하기는 하지만 애초에 갖고 있던 신념은 끝까지 고수했습니다. 반면에 1달러밖에 받지 못한 학생들은 적은 돈으로 자신의 거짓 행동을 합리화하기가 힘들었을 겁니다. 그래서 그들은 인지 부조화를 줄이려고 '실제로 일이 즐거웠어'라며 자신의 신념을 바꾸는 거죠. 그렇게라도 합리화시켜야 심리적 불안감이 해소되기 때문입니다.

천국과 지옥은 마음먹기 나름

살을 빼기로 다짐했지만 이내 야식의 유혹에 넘어가고 맙니다. 그러자 오늘 하루쯤은 상관없을 거라며 자신을 합리화하죠. 그것이 반복됩니다. 결국 다이어트에 실패합니다. 이제는 '사실 다이어트 같은 건 필요 없어. 이렇게 통통한 게 더 보기 좋잖아'라고 생각합니다. 이미 일어난 일들이 아까워서라도 합리화시키는 겁니다.

군대는 이런 인지 부조화가 일어나기에 가장 좋은 조건을 갖추고 있습니다. 일단 자신의 의지와는 다르게 입영한 병사들이 대부분이기 때문이죠. 뿐만 아니라 상명하복이 그 무엇보다 우선인 분위기에서는 상황에 따라 자신의 신념을 버려야 할 때가 많습니다. 그 때문에 가끔씩 착하던 선임들도 그 분위기에 젖어 어느새 부조리한 말과 행동을 하기도 합니다. 자신이 믿던 신념을 상황에 맞게 타협하죠.

탈영이나 비상식적인 행동도 마찬가지입니다. 병사들은 탈영이 얼마나 위험하고 자신의 인생에 해가 되는지 잘 알고 있습니다. 하지만 상황이 악화되면 심적 부담감을 견디지 못해 탈영을 고민합니다. 선·후임 간의 갈등이 해결책 없이 심화될 때, 모든 비난이 자신에게 쏟아질 때, 또는 부대 내에 아무도 내 말을 들어주지 않는다고 느낄 때, 극단적인 경우 '탈영밖에는 방법이 없어'로 자신의 신념을 바꾸죠.

이럴수록 과감한 질문이 필요합니다. 분대원이 자살이나 탈영과 같은 갈등에 시달리고 있다면, 솔직하게 물어보기 바랍니다.

"자살을 어떻게 생각해?"

"탈영을 어떻게 생각해?"

만약 돌아오는 답변이 "나쁘다고 생각합니다!"라면, 아직은 그것에 비판적인 신념을 갖고 있는 거겠죠. 그렇다면 그가 자신의 신념을 행동에 맞추기 전에 그의 행동을 신념에 맞출 수 있도록 이끌어주어야 합니다. 탈영이나 자살과 같은, 자신의 신념에 어긋나는 행동을 하지 않고도 충분히 해결해나갈 방법이 있음을 보여주는 거죠.

33
episode

도움이 필요하면
필요하다고 말하라

Question

군 생활이 너무 힘든데 아무도 관심이 없는
것 같다. 이럴 때는 어떻게 해야 하나?

군대, 정말 힘듭니다. 그런데 사람들은 제가 힘들어하는 것에는 관심이 없는 것 같아요. 아무도 도움을 주려고 하지 않으니 말이죠. 그래서 포기하고 싶은 심정입니다. 어떻게든 2년을 버텨야 할 텐데…….

nswer

실제로 도와달라고 말한 적이 있나? 아니면 다른 사람들이 내가 힘든 걸 알아주기만을 바라고 있나? 누구든 도와달라고 말하기 전까지 그에게 도움이 필요하다는 걸 알지 못한다. 도와달라고 말하지 못한 채 혼자 마음 썩히면 자신의 힘으로 할 수 있는 것조차 해결하지 못할 수 있다. 무기력증이 반복되고 학습된다.

무기력은 병이 아니라 습관이다

반복적으로 피할 수 없는 부정적인 환경에 노출되다 보면 손쉽게 할 수 있는 일도 자포자기하기 쉬운데, 이를 '학습된 무기력learned helplessness'이라고 합니다.

심리학자 마틴 셀리그만Martin Seligman과 스티브 메이어Steve Maier 는 잔인하고도 매우 중요한 실험을 했습니다.

그들은 개를 상자에 가두고 전기충격을 가하는 실험을 했죠. 첫 번째 그룹의 개가 있는 상자는, 개가 코로 버튼을 누르면 전기충격을 피할 수 있도록 설계했습니다. 두 번째 그룹의 개가 있는 상자 는, 개가 무엇으로 버튼을 누르든 전기충격을 피할 수 없게 설계했죠. 흥미로운 건 24시간 후였습니다.

이후 개들은 새로운 상자로 옮겨졌는데, 그 상자는 중간에 있는 낮은 칸막이를 넘으면 전기충격을 피할 수 있도록 설계되어 있었습니다. 그런데 첫 번째 그룹에 있었던 개는 담을 넘어 전기충격을 받지 않았습니다. 두 번째 그룹의 개는 충격을 피하려 하지도 않고 구석에 웅크리고 순종하는 모습을 보였습니다. 여러 노력에도 불구하고 실패를 계속적으로 경험한 결과 쉽게 포기하는 경향이, 즉 무기력함이 학습된 것입니다.

이 실험은 쉽게 성취할 수 없는 어려운 과제를 반복적으로 주다 보면 학생의 학습능률이 떨어진다는 중요한 교훈을 주며, 이는 군대에도 적용할 수 있습니다.

군대에서는 자신의 의지와 상관없이 겪는 '실패'가 많습니다. 주특기를 잘하지 못해 듣는 꾸중은 그렇다 해도, 선임의 이유 없는 괴롭힘, 생활관이나 교육훈련 중에 발생하는 불합리한 임무 분담 등은 자신의 노력과 상관없이 벌어지는 실패의 경험이라 할 수 있습니다. 이렇게 2년 동안 절망적인 일을 반복적으로 겪다 보면 전기충격 장치 속의 개처럼 어느 순간 무기력이 학습되죠.

이럴 때는 그런 상황을 참기보다 도움을 요청하는 것이 순리입니다. 전기충격 장치에 굴복하고 만 개가 다른 집단의 개들에 도움을 청했더라면 '담만 뛰어넘으면 전기충격을 피할 수 있다'는 교훈을 얻을 수 있었겠죠. 도움을 청하는 말 한마디면 누구라도 그런 경우에서 벗어날 수 있습니다.

도움을 청하는 건 용기 있는 행동

무기력의 수렁에 빠지기 전에 "도와주세요!"라고 소리 높여 외쳐야 합니다. 그 말 한마디가 가진 힘은 생각보다 큽니다.

'잠깐이니까 괜찮겠지' 생각해 물건을 벤치에 남겨 놓은 채로 잠시 화장실에 다녀옵니다. 그런데 다녀와서 보니 물건이 없어졌습니다. 놀랄 수밖에 없죠. 이렇게 많은 사람들이 지켜보고 있었는데 도둑이 물건을 가져가도 신경조차 쓰지 않다니 말입니다. 곁에 있는 누군가에게 "혹시 죄송하지만 제가 화장실이 급해서요. 이 물건 좀 봐주실 수 있나요?"라는 말을 남겼다면 상황은 달라졌을 겁니다. 상대방에게 개인적인 책임감을 안겨줌으로써 물건을 잃어버릴 일을 피할 수 있죠. 부탁받은 그가 도둑이 아니라면 말입니다.

이처럼 도움이 필요하다고 밝히는 것을 심리학에서는 '필요에 대한 인식perception of need'이라고 합니다. 다른 사람이 당신의 도움이 필요하다는 걸 알 수 있도록 힘껏 외치세요. 도움을 줄 수 있는 사람이 의외로 많다는 걸 깨달을 겁니다.

희망적인 연구 결과가 있습니다. 셀리그만 교수가 무기력이 학습

될 수 있다고 밝혔는데, 그의 최근 연구 결과는 긍정적인 낙관주의 역시 학습될 수 있다고 밝혀냈습니다. 행복은 주어지는 것이 아니라 자신이 쟁취한다는 걸 증명한 거죠.

부정적인 것을 없앤다고 긍정적인 것이 만들어지는 게 아닙니다. 군대나 사회나 우울증과 같은 부정적인 것을 없애고 방지하는 데에만 급급한 경향이 있습니다. 그와 동시에 긍정적인 에너지를 심어줄 수 있는 대안이 같이 병행되어야 하는데 말입니다.

이 글을 읽는 여러분만은 도움의 메시지로 긍정적인 에너지를 학습할 수 있기를 바라고 바랍니다.

34
episode

관심병사,
결코 남의 일일 수 없다

Question

후임이 우울증에 걸린 관심병사인데, 어떻게
대해야 할지 모르겠다.

제게는 우울증을 겪고 있는, 관심이 필요한 병사가 한 명 있습니다. 간부님들은 제게 관리를 잘하라고 하지만, 우울증이라는 것에 익숙하지 못한 저는 어떻게 해야 할지 모르겠어요. 이 친구는 혼자 두면 자살할지도 모른다는데, 제가 어떻게 대해야 할까요?

nswer

우울증에 걸린 관심병사를 대하는 방법을 알려드리겠다.

무관심이 그를 더 힘들게 한다

우울증은 그 누구나 겪을 수 있습니다. 우울증을 겪는 병사라고 해서 나와 다르다는 생각은 금물입니다. 누구에게나 고민이 있듯이 우울증도 그렇습니다. 단지 그들은 길을 찾지 못한 채 헤매고 있을 뿐입니다.

그렇다고 심신이 건강한 사람을 대하는 것과 똑같이 대하는 것은 위험합니다. 그런 병사에게는 좀 더 세심한 배려가 필요합니다. 나는 아무렇지도 않다고 생각해서 한 행동이나 말인데 그는 심각하게 생각하거나 상처가 되는 건 아닌지 파악하는 게 중요합니다. 그런 병사는 대개 외상후 스트레스 장애를 앓고 있습니다. 어렸을 때 부모님의 이혼이나 불화 등의 상처로 정신적인 충격을 받은 경우 이런 상황에 처하기도 합니다.

간혹 이런 병사들은 말조차 하지 못한 채 혼자 고생하는 경우가 많습니다. 그들이 보내는 '힘들다'라는 힌트와 징조를 민감하게 캐치하는 관찰력도 중요합니다.

그리고 "조금만 더 힘내!"처럼 힘이 안 되는 말도 없습니다. 관심 병사를 대하는 분대장이나 간부들이 그를 어떻게 대해야 하는지 몰라 어려워하다가 "힘내!"라는 말밖에 하지 못하는 경우가 많습니다. 우울증에 걸린 병사는 지금까지 최선을 다해왔는데도 일이 풀리지 않는다고 생각합니다. 이때 '힘내'라는 말은 그에게 거리감만 느껴질 뿐만 아니라, '네가 알아서 해결해야 할 일이야'처럼 무책임하게 느껴질 수 있습니다. 또한 그 말 자체에 명령하는 뉘앙스가 담겨 있어서, 힘이 날 일이 없어도 힘을 내야만 한다고 강요하는 것처럼 들릴 수 있죠.

따라서 "힘내!"라는 말보다는 "내가 있으니 더 이상 힘들지 않아도 돼"라며 그의 상황에 공감하고 그의 이야기를 경청하는 자세를 보여주는 게 중요합니다.

이와 함께 우울증을 겪는 병사는 남들의 시선을 지나치게 의식하느라 속마음을 털어내지 못해 답답해하는 경우가 많습니다. 그런 병사를 고압적인 태도로 가르치려 하다 보면 '여기는 내 이야기를 들어줄 사람이 없구나' 하고 생각하기 십상입니다. 따라서 상대방의 이야기에 귀 기울이고 있다는 태도를 보여주어야 합니다. 자신이 안고 있는 고민을 털어놓을 수 있게 말입니다. 그러면 그는 마음이 한결 홀가분해질 테니까요.

한편, 우울증을 극복해야 한다는 강박관념을 심어주는 건 독입니다. 책임감이라는 스트레스를 안겨줄지도 모르기 때문이죠. 군대 내에서 겪는 우울증이 다루기 까다로운 건 그래서입니다. 스트레스를 해결하려고 의식하는 스트레스 역시 명백한 스트레스죠.

'내 얘기를 들어주었으면 좋겠어'

여러분도 그렇지 않습니까? 누구나 힘들 때 상대방이 자신의 상황을 아는 척하면서 이야기하는 걸 싫어합니다. 우울증을 겪는 병사는 이미 스스로 힘든 상황임을 잘 알고 있습니다. 그렇기 때문에 섣불리 '너는 이러니까 저렇게 하는 게 좋아'라는 식으로 조언하는 건 오히려 그를 하나도 이해하지 못하고 있음을 드러내는 것이나 마찬가지입니다.

아울러 우울증을 겪는 병사는 마음의 문을 닫는 경우가 많습니다. 그런데 만약 그 병사가 먼저 다가와 상담을 신청하거나 이야기를 나누고 싶어한다면 그가 마음을 열기에 아주 좋은 기회입니다. 이럴 때는 그에게 조언을 하려 하지 말고, 고개를 끄덕이거나 맞장구쳐주는 것만으로도 충분합니다. 그가 하는 말을 중간에 끊고 이야기하는 것도 금물입니다. 중간에 끼어들다간 이후에 그 병사가 여러분의 도움을 청할 일은 아마 없을 겁니다.

가끔은 내면의 화를 밖으로 표출할 수 있도록 유도하는 것도 좋습니다. 카타르시스 효과가 있기 때문이죠. 물론 무언가를 던지거나 부수는 것으로 화를 풀면 나중에는 자극에 둔감해져 오히려 폭력적으로 변할 수도 있습니다. 적절한 방식으로 마음속의 답답함을 끄집어낼 수 있게 도와주는 것이 중요합니다.

여러 병사들이 함께 생활하기 때문에 그 병사만 항상 예외로 신경 써줄 수만은 없습니다. 상태가 호전되는 것 같으면 가벼운 작업이나 업무를 수행하도록 해보세요. 물론 일반 병사들에게 기대하는 일을 요구하는 건 피해야겠죠.

또한, 혼자라고 느끼지 않도록 하는 것도 잊지 말기를. 그 병사가 내 조직에 속해 있다는 소속감을 주어야 합니다. 이와 함께 완전히 회복될 때까지 긴장을 늦춰서는 안 됩니다. 어느 순간 상황이 바뀌어 돌변할지도 모르니까요.

감정 전이 현상이라는 말을 아나요? 주위 사람들의 감정에 따라 내 감정이 영향을 받는 거죠. 우울증 환자를 상담하는 의사들 중에 우울증에 시달리는 이들이 꽤 있습니다. 관심병사와 함께하는 여러분 역시 우울증에 전이되지 않도록 조심해야 합니다. 에너지를 잘 조절하는 것이야말로 이 싸움에서 이기는 방법입니다.

35
episode

국방부 시계는
결코 헛돌지 않는다

Question

곧 전역하는데, 친구들이 벌써 전역하느냐고 한소리 한다. 그러고 보니 벌써 이렇게 시간이 흘렀구나 싶네. 시간이란 게 참 신기하기만 하다.

군대에 있다 보니 시간을 많이 생각하게 됩니다. 시간은 정말 멈춰 있는 것 같잖아요. '640일을 언제 보내나……' 하면서 말입니다. 그런데 어느 순간 눈을 떠 보면 벌써 한 달이 훅훅 지나갔습니다. 지나고 나면 정말 시간이 빠르다는 게 느껴지죠. '크면 군대 가겠지?' 생각했던 게 엊그제 같은데 벌써 이렇게 군인으로 복무하고 있잖아요.

저는 조금 있으면 전역인데 말이죠. 전역을 앞두고 있다고 말하면 친구들은 항상 이렇게 말합니다. "벌써 전역이야?" 벌써 전역이라니? 하루하루를 얼마나 지루하게 보냈는데……. 그런데 사실 맞아요. 벌써 시간이 이렇게 흘러버렸네요. 웃긴 게, 유명 남자 연예인들이 전역한다고 하면 이렇게 말하죠. "쟤, 벌써 전역이야?"

시간이 왜 이렇게 빨리 가는 건지 참 신기할 따름이네요.

가는거 맞아??

밥이 없나?

Answer

사람마다 바라보는 시간은 상대적이다. 가끔 내 시간보다 다른 사람의 시
간이 빨리 간다고 느껴질 때가 있고, 재미있는 일을 하다 보면 지루한
일을 할 때보다 시간이 빨리 간다고 느낄 때도 있다. 결국, 시간을 어떻
게 효과적으로 사용하느냐가 관건이다.

진짜 시계 바늘은 마음 안에 있다

같은 시간이라도 어떻게 보느냐에 따라 '시간'은 전혀 다릅니다.

우선, '천문학적 시간'이 있습니다. 지구의 자전이나 공전으로 하루, 한 달, 1년을 정하는 시간 말입니다. '생물학적 시간'도 있을 겁니다. 사람의 세포가 죽고 사는 것에 따라 정해진 각자의 수명 말입니다. 이 천문학적 시간과 생물학적 시간은 제한되어 있습니다. 개인이 바꾸기가 힘들죠. 천문학적 시간은 절대적으로 정해진 기준이기 때문에 더 그렇습니다. 좋은 음식과 건강을 강화하는 의약품, 그리고 의학기술이 발달해 수명을 연장할 수도 있다고 하지만 생명에 끝이 있다는 건 인정해야 할 사실입니다.

하지만 '심리학적 시간'은 상대적이면서도 무한한 잠재력을 갖고 있습니다. 한 시간이 60분, 하루가 24시간으로 정해져 있고, 평균 수명이 80년이더라도 자신이 그 시간을 어떻게 바라보느냐에 따라 80년보다 짧게 또는 길게 살 수 있는 거죠.

80년의 삶이 주어져도 40년의 가치밖에 활용하지 못하는 경우도 있고, 40년의 삶이 주어져도 100년 이상의 가치를 창출해 낼 수 있습니다. 짧게 살면서도 오래 사는 방법은 이 심리학적 시간에 달려 있다고 해도 과언이 아닙니다.

어떤 일에 몰입하면 시간이 빨리 가는 것으로 느낍니다. 우울증에 걸린 사람의 시간은 천천히 간다는 실험 결과도 있습니다. 이처럼 시간을 받아들이는 건 상대적입니다. 결국, 시간을 어떻게 활용하느냐가 중요해집니다. 불로장생이란 생물학적 생명 연장에 있는 게 아니라, 주어진 시간을 어떻게 받아들이고 어떻게 활용하느냐에 달려 있다고 해도 과언이 아니죠.

내일의 시간은 어제와 달라야 한다

시간을 바라보는 관점은 크게 세 가지로 나눌 수 있습니다. 과거 중심형, 현재 중심, 그리고 미래 중심형입니다.

과거 중심형은 과거를 바탕으로 현재와 미래의 시간을 계획하는 걸 말합니다. 주로 조화와 전통을 강조하는 사람들에게서 많이 볼 수 있습니다. 과거의 전통을 중시해, 현재는 과거의 연속이라고 생각합니다. 과거의 교훈을 바탕으로 지금의 일을 해결하려 하고, 그렇기 때문에 안정을 추구합니다. 반면에 도전적이거나 새로운 일을 시작하는 등의 도전정신이 부족한 면이 있죠.

현재 중심형은 과거와 미래와 현재를 모두 다른 개념으로 생각하고, 현재에 충실한 삶을 살아갑니다. 하루하루 살아가는 것에 중점을 두는 사람들에게서 이런 경우가 흔히 나타납니다. 즉, 내일이 오지 않을지도 모르니 오늘 하루를 보내는 것에 중점을 두자는 거죠. 현재의 즐거움에 초점을 맞추고, 현재의 문제만 해결하려고 합니다. 내일은 어떤 하루가 될까 하는 생각이 상대적으로 약하다 보니 미래를 준비하려는 의지도 약해질 수밖에 없습니다. 중장기적인 발전 가능성도 낮을 수밖에요.

미래 중심형은 미래를 낙관합니다. 다가올 미래에 설레며, 그 순간을 꿈꾸며 진취적으로 살아가죠. 창의성을 존중하고 미래지향적인 것에 중점을 두는 사람들에서 많이 볼 수 있습니다. 어떨 때는 무모하다 싶을 정도로 도전적이어서 그만큼 위험도 크지만, 그래도 발전 가능성은 높다 할 수 있죠.

어떤 시간을 사느냐가 좋은가는 단정적으로 말할 수 없습니다. 각각의 장점이 있으니 말입니다. 군대에 있다 보면 주로 현재 중심형인 경우가 많습니다. 하루하루를 보내는 것에 뜻을 두고 지내는 거죠. 그러다 보면 어느새 시간이 흘러가기 때문에 시간이 빨리 간다고 느낄 수는 있습니다. 하지만 뒤를 돌아보았을 때 남은 게 없다고 느낄지도 모릅니다. 그렇다고 현재의 즐거움을 느끼지 말라는 뜻은 아닙니다. 그 즐거움을 바탕으로 미래를 계획할 줄도 알아야 한다는 거죠.

그렇습니다. 주어진 시간을 해석하고 활용하는 것은 개인의 역량입니다. 군대에 있는 동안 2년이라는 시간이 주어졌습니다. 국방부 시계는 결코 헛돌지 않습니다. 하지만 그 2년을 어떻게 해석할지는 여러분의 몫입니다.

36
episode

계획, 못난 열보다
잘난 하나가 낫다

Question

군 복무 동안 하고 싶은 건 많은데, 과연 다 할
수 있을까? 어떻게 계획을 세워야 좋을까?

군대 오니까 마음만 앞서서 계획만 잔뜩 세웁니다. 2년 동안 국방의 의무를 다하는 거지만, 어떻게 보면 밖에 있는 사람들에게 뒤처지는 거잖아요. 그렇게 생각하니까 불안해서 가만히 있지 못하겠더라고요. 자격증도 이것저것 따야 할 것 같고, 영어공부도 해야 할 것 같고, 체력도 많이 기르고 싶고……. 의욕이 넘치기 일보 직전입니다.

그런데 지금까지 선임들을 지켜본 결과, 이렇게 계획을 많이 세운다고 다 이루는 사람은 없더라고요. 가끔 특이한 케이스를 빼면 말이죠. 그래서 조급함만 앞섭니다.

군 생활 계획, 어떻게 세우는 게 좋을까요?

nswer

군대에 있는 누구나 한 번은 생각하는 고민거리다. 지금은 조마조마하고 답답한 마음에 이런저런 계획을 세우겠지만, 과욕을 부리면 좋은 결과를 기대하기 어렵다.

시계가 많다고 시각이 정확할까

지금 정글에 있다고 생각해봅시다. 조난을 당해 정글에서 살아 나갈 방법을 강구하고 있는 중입니다. 우선, 지금이 몇 시인지 알려고 시계를 봅니다. 그러나 시계가 없습니다. 근처에 부상을 당해 쓰러져 있는 동료의 몸을 수색하기 시작합니다. 드디어 시계를 발견합니다.

하지만 이렇게 생각하겠죠.

'이 시계가 가리키는 시각이 과연 맞을까? 시계를 더 찾으면 정확한 시각을 알 수 있겠지?'

그러고는 동료들의 몸을 수색해 여러 개의 시계를 찾아냅니다. 그런데 하필이면 시계가 가리키고 있는 시각이 모두 다릅니다. 오히려 하나의 시계를 갖고 있느니만 못해졌습니다. 어떡하면 좋을까요?

군대, 아니 모든 사회생활이 '정글에서 시계 찾기'와 같습니다.

그 속에서 살아남으려고 온갖 방법을 강구하겠죠. 그리고 '여러 가지 방법과 목표가 있으니까 살아 나갈 수 있겠다'라고 생각할 것입니다. 하지만 여러 개의 시계를 손목에 차면 오히려 정확한 시각을 알 수 없듯이 군 생활의 목표도 마찬가지입니다. 목표가 여러 개 있다면 집중력은 오히려 분산되기 때문입니다. 그렇게 이리저리 방황만 하다가 전역 날 쓸쓸하게 위병소를 나서며 '아무것도 이룬 게 없어'라며 한숨만 푹푹 쉬는 일은 없어야 합니다.

의욕이 넘치는 자신을 제대로 이끌려면 여러 개의 시계보다 명확한 시계 하나가 필요합니다.

이제부터는 자신에게 가장 중요한 목표 한 가지만 설정하기 바랍니다. 이런저런 자잘한 계획들의 근본이며 뿌리가 되는 것, 목표를 말입니다. 군 생활을 한 선배로서 조언하자면, 무턱대고 욕심 부려 다양하게 설정한 목표는 오래 가지도 이루기도 힘듭니다. 이런 무모한 계획은 특히 이병 때 왕성하게 일어납니다. 군대에서의 시간을 보람차게 보내야 한다는 의욕이 앞서다 보니 그러는 거죠.

한 가지 능력이 진짜 능력이다

군대라는 곳은 여유로운 데가 아닙니다. 공부나 자격증, 즉 자신에게 필요한 것을 준비하러 가는 곳이 아니며, 예기치 못한 일들이

수시로 일어나는 곳이며, 자신에게 맡겨진 임무와 책임이 있고 그만큼 위계질서가 분명한 곳이 군대입니다. 그렇기 때문에 계획을 지키지 못할 때가 많습니다. 이런 환경에서 그런 다양한 목표를 성취하기란 요원할 수밖에 없습니다.

흔히 정해진 시간 안에 여러 가지 일을 해낸 사람을 "저 사람 능력 있다"고 말합니다. 하지만 정말 능력 있는 사람은 한 가지 일을 완벽하게 끝내는 사람이 아닐까요.

"그럼 제가 가진 손목시계 하나가 올바른 시각을 가리키고 있다고 보장할 수 있습니까?"

물론 그렇습니다. 손목시계 하나, 그것이 항상 옳다는 법은 없습니다. 하지만 조난당해 정글에서 살아남으려고 시계를 찾는 중이라면, 여러 개의 시계를 찾은 후에 그중 가장 그럴듯해 보이는 시계 하나만을 선택하는 것이 가장 합리적입니다.

성취하고자 하는 여러 개의 목표를 생각해본 후 그중에서 실현 가능성이 높고 필요로 하는 한 가지에 집중해야 합니다. 우선순위를 정하고, 그에 따라 중요한 것부터 차례차례 해나가는 거죠.

팔방미인이라는 말이 있습니다. 어렸을 때부터 다양한 것에 관심이 많았던 저는 부모님이나 주위 어른들로부터 "하나를 끝까지 제대로 하는 게 없잖아. 능력이 있으면 뭐해. 하나도 제대로 마무리하지 못하는걸"이라는 꾸중을 자주 들었습니다. 다양한 분야에 관심이 많아 한 곳에 집중하지 못하다 보니 결국 어느 것도 완벽하게 하지 못한 거죠.

여러분은 그런 저와는 전혀 다를 테지요. 그리고 여러분은 어느 조직에서나 계획을 세워야 할 때, 정글에서 시계 찾기 법칙을 결코 잊지 않으리라 믿습니다.

37
episode

휴가, 어떻게 써야
나중에 편할까

Question

어쩌다 휴가가 많아졌다. 그런데 고민이다.
휴가를 한 번에 길게 붙여서 쓰는 게 좋을지,
적당히 끊어서 가는 게 좋을지?

요즘 휴가 때문에 고민입니다. 군인들한테는 휴가가 정말 민감한 사항이잖아요. 친구들, 애인, 부모님을 마음 편하게 만날 수 있는 시간도, 먹고 싶었던 음식들을 마음껏 먹을 수 있는 때도 휴가가 유일하니까요. 그런데 막상 휴가를 나가려고 하면 선임이나 후임과 날짜가 겹치는 때가 많습니다.

저희 중대는 전 중대원의 몇 퍼센트 이상이 휴가를 나가지 못하게 정해놓았고, 특히 행정병 같은 경우에는 같은 날 나가는 건 눈치가 보이기도 하죠. 한 명이 나가면 나머지 병사들이 그 자리를 메우고 근무도 더 많이 하니까요. 때문에 휴가를 마음껏 쓰지 못하는 게 현실입니다.

어쩌다 보니 저는 휴가가 많습니다. 글짓기 소감문, 음어 조립, 군사보안 포스터 및 표어 제출 등 여러 대회에서 표창을 받았거든요. 덕분에 요즘 행복한 고민에 빠져 있답니다. 포상을 정기휴가와 붙여서 길게 나갔다 올까, 아니면 짧게 여러 번 나갔다 올까 하고 말입니다. 붙여서 길게 나가 민간인 행세 좀 마음껏 누리고 오고 싶은데 말이죠. 그러면 제 후임이 원하는 날짜에 휴가를 나가지 못하는 게 눈에 보입니다. 제가 이기적이기는 하지만 그래도 욕심이 나서요. 고민되네요.

Answer

결론적으로 휴가는 되도록 적당히 끊어서 여러 번 다녀오는 게 좋다. 장기간 휴가를 다녀온 병사들에게 흔히들 장난삼아 "이제 자살 징후 오겠네?"라고 농담을 건넨다. 그 말에는 이유가 있다. 8박 9일이 넘어가는 긴 휴가는 처음에는 날아갈 듯 신나지만 곧 시들해진다.

군인에게 휴가는 마약과도 같습니다. 처음에는 그 짜릿함에 가슴이 콩닥콩닥 뛰지만 익숙해지다 보면 더는 자극을 받지 못해 시들시들해집니다. 이렇게 시간이 지나면서 자극에 무뎌지는 것을 심리학에서는 '습관화habituation'라고 합니다. 익숙해진다는 건 참 무서운 일이죠.

처음에 만났던, 멋있는 애인을 생각해보세요. 운명이라는 생각마저 들면서 가슴이 콩닥콩닥 뛰느라 정신이 없죠. 하지만 시간이 지나면 어느새 눈에서 콩깍지가 벗겨져 있는 걸 느낄 겁니다. 대상에 익숙해지자 처음에 만났던 그 설렘이 무뎌진 거죠.

처음으로 콘서트장이나 클럽에 들어갔을 때를 떠올려보세요. 정신 사납고 쿵쾅거리는 음악이 심장과 고막을 울립니다. 그런데 처음에는 시끄럽던 그 소리가 10분 정도 지나자 귀가 적응합니다. 그러다 조용한 밖으로 나오면 오히려 허전해지기만 합니다.

이뿐만이 아닙니다. 싫어하는 선임에게 불필요한 욕을 먹을 때도 습관화가 일어납니다. 짜증이 나 어떤 식으로든 대들고 싶은 선임이 있을 겁니다. 그런데 이런 꾸중이나 시비도 지속적으로 듣다 보면 어느 순간 익숙해집니다. '이 사람은 원래 이런 타입이구나. 욕하고 남 헐뜯는 그런……' 하면서 아무렇지도 않게 여기는 거죠. 가끔은 입만 열면 욕이 나오고 혼내는 사람이 불규칙적으로 화내는 사람보다 나은 것처럼 느껴지기도 하고요.

이것이 에너지를 모았다가 방출하듯 휴가를 길게 이어서 나가는 게 본인을 불행하게 하는 이유입니다. 처음에는 즐거울지 모르지만 휴가 시간이 길다 보면 그 즐거움에 익숙해지고 처음 느끼는 짜릿함이 무뎌집니다. 실제로 여러 병사와 이야기 나누다 보면 휴가를 오래 다녀온 쪽은 생각보다 재미있지 않았다는 말을 많이 합니다. 자기도 모르게 그 즐거움에 습관화되어버린 거죠.

물론 정기휴가는 마음대로 끊어서 다녀올 수 없습니다. 웬만한 청원 사유가 있지 않는 한 말입니다. 그렇기 때문에 포상휴가만이라도 가급적 적절하게 조정해서 여러 번 나갈 수 있도록 하는 게 좋습니다. 흔히 3박4일 휴가나 4박5일 휴가를 '3·4초', '4·5초'라고 합니다. 그렇습니다. 매우 짧죠. 하지만 가장 즐거울 때 아쉬움을 남기며 끊어주는 것이 자극에 길들여지지 않는 지름길입니다.

이쯤에서 눈치가 빠른 사람이라면 벌써 이 습관화의 응용법을 알아챘을 것입니다. 휴가와 같이 즐거운 기간은 짧게 여러 번 보내는 게 좋은 반면, 훈련과 같이 지루하고 답답한 기간은 그것을 무디게 하기 위해 길게 한 번에 하는 게 좋습니다. 개인적으로 저는 혹한기훈련을 준비한다며 한 달 동안 세 번에 걸쳐 야외훈련을 나간 적이 있습니다. 그때 왜 그렇게 힘이 들고 답답했는지 이제야 이해가 갑니다.

5장

살아남는 커플은
이래서 다르다

38
episode

고무신에 대처하는
우리의 자세

Question

그녀와의 군대연애에 성공하려면 어떻게 해
야 할까?

선임들이 그럽니다. 군대연애는 100퍼센트 성공할 수가 없다고요. 제 친구들도 다 그러죠. 헤어질까 말까 한참 고민하다가 2년간의 군대연애를 시작했습니다. 조언 좀 부탁드려요.

nswer

정말 군대연애를 잘 해보고 싶다면 군대 역시 끊임없는 연애의 연속선이라고 생각하는 게 중요하다. 군인이라는 신분이 그녀에게 소홀해질 수 있는 면죄부라고 생각한다면 오산. 군대 간 남자를 기다려주는 여자는 대한민국의 1퍼센트다. 그만큼 어디서도 만나기 어려운 특별한 여자라는 뜻.

'왜 전화를 안 받는 거야, 혹시'

우선, 전역하고 나서 관계를 끊어버릴 생각으로 군대용 여자친구를 만나고 있다면 이 글은 무시하고 넘어가기 바랍니다. 이 글은 그런 사람을 위한 게 아닙니다. 상대방에게 상처 주는 그런 부질없는 짓은 하지 말라고 말해주고 싶군요.

그럼 '고무신'에 대처하는 자세에는 무엇이 있을까요?

먼저, 여자친구를 선임 대하듯 깍듯이 대하기 바랍니다. 선임이 한 명 더 늘어난다고 크게 어려울 일은 없겠죠. 이병이 상병을 대하듯 하기만 하면 그녀의 마음을 붙잡는 건 어렵지 않습니다. 반면에 말년 병장처럼 허세 가득한 말투로 그녀를 대하지 마세요. 어머니와 여자친구를 헷갈리거나, 여자친구한테 선임에게 잘 보이기 위한 물건을 보내달라거나 하면서 칭얼댄다면 좋은 결과를 기대하기란 당연히 힘들겠죠.

'안 되면 되게 하라'는 군인정신에 맞게 그녀 앞에서는 가능한 무엇이든 되게 하는 모습을 보여주세요. 그런 적극적이고 능동적인 모습이 그녀로 하여금 안정감을 줍니다. 그렇다고 그녀 때문에 무모한 짓을 해서는 안 되겠죠. 핸드폰을 부대 안에 갖고 들어가는 일들 말입니다. 그녀에게 가장 큰 선물은 제때 무사히 전역하는 겁니다.

항상 같은 시간에 전화를 받아주던 그녀가 전화를 받지 않는다고 의심하거나 속상해하지도 맙시다. 내가 군대에 적응하는 만큼 그녀 역시 내가 없는 사회에 적응하고 있으니까요. '도대체 왜 전화 받지 않는 거야?'라고 따지다 보면 의심증만 도지는 자신과 마주할 테니까요.

휴가 때 데이트 계획은 전투작전을 짜듯 먼저 세우세요. 군대에서 힘들었으니 그것쯤은 그녀가 알아서 해주기를 바란다면 무책임한 짓입니다. 더구나 이 시간은 그녀에게 점수를 가장 많이 딸 수 있는 기회입니다. 휴가, 그 순간만을 기다리면서 지낸 사람은 나 말고도 또 있다는 사실을 잊지 말아야겠죠.

군대에서는 전화로만 연애할 수 있습니다. 그러다 보니 그녀가 가장 힘들어 하는 건 군대에 있는 그는 원할 때 전화할 수 있지만 사회에 있는 자신은 힘들 때 그에게 전화할 수가 없다는 점입니다. 이 때문에 사이가 틀어지고 스트레스 받는 일이 적지 않습니다. 그러므로 그녀에게 전화할 때는 특히 신중하고, 그녀가 전화를 필요로 하는 시점을 평소에 잘 알아두는 것도 요령입니다.

아울러 전화는 자주 한다고 좋은 건 아닙니다. 특히 직장이나 학교에 다니면서 새로운 삶에 적응하고 있는 그녀에게 시도 때도 없이 거는 전화는 부담스럽고 짜증까지 날 수 있습니다. 내가 편한 시간에 전화하는 거지만, 전화를 받을 그녀의 입장 역시 흘려버리지는 말아야 합니다.

나보다 애타는 건 그녀

군대연애에서 가장 중요한 건 대화와 배려로 믿음을 이어가는 것입니다. 전화할 때 내 이야기만 할 게 아니라, 그녀의 이야기나 고민에도 귀를 열어놓아야 합니다. 그렇다고 그녀의 사적인 생활을 모조리 알려고 해서도 안 되겠죠. 아무리 친한 관계라도 개인적인 공간은 반드시 필요한 법이니 말입니다.

훈련이나 긴급한 상황으로 전화하지 못할 일이 있다면 미리 알려주세요. 정해진 시간에 전화를 기대하는 그녀가 속상해하고 있을 테니까요. 그 때문에 여러 가지 생각이 머릿속을 채울지도 모르니까요. 미리 알려주지 못한 경우에는 반드시 미안하다는 말과 이유를 설명해주어야만 합니다.

그녀가 군대에 대해 많이 아는 것처럼 말한다면 내 걱정을 많이 하고 있다는 증거입니다. 나름 전전긍긍하며 내게 유익한 정보를 찾고 있는 그녀를 상상해보기 바랍니다. 웬만한 학교 과제보다 열심히 하고 있을 테니 귀엽게 봐주세요. 설령 잘못된 정보를 알고 있다고 해도 나를 위해 노력해준 그 시간과 정성은 칭찬해주는 게 옳습니다.

반대로 그녀의 미래나 그녀가 원하는 것에 관심을 갖도록 합시다. 그녀가 결혼과 관련된 이야기를 꺼낸다면 진지하게 들어주세요. 그건 당연한 일입니다. 그녀 역시 내게 소중한 청춘과 시간을 투자하고 있으니까요.

군대연애를 이겨낸 커플은 군대에서도 찾아볼 수 없는 전우애가 생기게 마련입니다. '우리가 이것도 이겨냈는데 저런 것쯤이야' 하는 막강한 힘을 갖습니다.

군화를 대하는
그녀의 자세

Question

그와의 군대연애에 성공하려면 어떻게 해야 할까?

주위 친구들이 다 그럽니다, 군인이랑 연애 어떻게 하냐고. 저도 안 좋은 소리만 들어서 피할까 하다가 결국 그가 너무나 좋아 고무신을 신기로 마음 먹었습니다. 드디어 2년간의 군대연애를 시작합니다. 그래도 불안한 마음은 숨길 수 없네요.

Answer

군대 역시 그동안 해오던 연애의 연속이다. 내가 그를 너무나 사랑하기 때문에 특별히 기다려주기로 한 게 아니라는 말. 기다려준다고 생각하다 보면 나도 모르게 '내가 이런 대우를 받으려고 기다린 줄 알아?' 하며 보상심리에 빠지기 쉽다.

슈퍼맨이기를 바라지 마라

슬픈 현실이지만 군대용 여자는 존재합니다. 사실입니다. 군대에 있는 동안 외로움을 달랠 요량으로 당신과 만날 수 있다는 사실을 인정합시다. 이런 조짐이 보이는 남자는 정신건강을 위해 싹부터 잘라버리는 게 좋습니다. 이 글은 그가 이런 질 낮은 남자가 아님을 전제로 하고 있습니다.

그렇다면 '군화'와의 연애, 어떻게 해야 할까요?

휴가 기간을 어떻게 보내느냐로 그를 파악할 수 있습니다. 휴가를 나왔는데 연락이 없다면 그는 당신에게 마음이 없는 남자입니다. 당신의 소중함을 모르는 남자라고 할 수 있죠. 휴가 동안의 데이트 계획을 자신이 알아서 짜 온다면 정말 당신을 보고 싶어했고 또 아껴줄 남자가 분명합니다.

당신의 미래에 손톱만큼도 관심이 없는 남자는 과감하게 떠나세요. 하지만 결혼에 관련된 이야기를 섣불리 꺼내는 건 상대방 입장에서는 부담스럽습니다. 부담감에 도망치는 남자들도 많죠. 정말 좋아서 만나는 사이라면 대화가 자연스럽게 흘러가도록 하세요.

그가 페이스북이나 개인 SNS를 비밀번호까지 가르쳐주며 대신 관리해달라고 한다면 끝까지 사양하세요. 그가 부탁했으니까 괜찮을 거라는 생각은 하지도 마세요. 알려달라고도 하지 마세요. 자칫 당신이 질투의 화신이 될지도 모릅니다. 사랑하는 사이일수록 개인적인 공간은 더 더욱 필요한 법이죠.

그에게서 항상 같은 시간에 오던 전화가 오지 않는다고 너무 속상해하지 마세요. 군대라는 곳은 이런저런 일이 갑작스럽게 생기는 법입니다. '도대체 왜 전화하지 않을까?'라는 생각이 많아지다 보면 어느새 화가 잔뜩 나 있는 자신과 마주합니다.

하지만 그가 평소에 전화하던 시간에 전화하지 않았는데도 미안한 기색이 없다면 달라진 게 분명합니다. 반대로 야근이나 수업 때문에 통화하지 못할 일이 있다면 미리 알려주세요. 정해진 시간에만 전화할 수 있는 군인으로서는 당신이 전화를 받지 않으면 머릿속이 복잡해집니다.

직장과 같은 사회생활 이야기를 지나치게 많이 하면 그는 주눅

들지도 모릅니다. 그가 있어서 내가 이렇게 편하게 생활할 수 있음을 알려주세요. 아울러 그를 위해서라는 마음일지라도 그 앞에서 군대에 관해 많이 아는 것처럼 말하는 건 오히려 독이 됩니다. 특히 "그거 군대 가면 누구나 다 하는 거잖아"나 "다들 그거 쉽게 한다던데" 식의 비교 발언은 상처만 줄 뿐입니다. 다른 군대커플을 들먹이며 "다른 커플은 전화를 많이 한대"도 마찬가지입니다.

그리고 가장 중요한 점인데, 그에게 이래라 저래라 하는 말투는 쓰지 않는 게 좋습니다. 그 위로 선임이 몇 십 명일 텐데 당신마저 선임이 된다면…….

2년은 짧고, 사랑은 길다

편지를 열심히 쓰다가도 정작 그에게서 기대만큼 답장이 오지 않으면 지치기 쉽습니다. 그럴 때일수록 배려가 필요합니다. 하지만 맹목적으로 자신의 생활을 그에게만 맞추는 건 옳지 않습니다. 훗날 결과가 좋지 않았을 때, "이런 것까지 희생했는데 왜 내게는 그러지 못해!"라고 말한다면 때는 이미 늦습니다. 따라서 딱히 마음에 들지 않는 상대와 동정심에 빠져 하는 군대연애는 일찌감치 포기하는 게 좋습니다.

연애는 반복과 숙달을 통한 훈련과도 같습니다. 입대

한 그를 기다리는 건 극기를 요하는 특별한 훈련 상황 이라 할 수 있습니다. 일말상초와 같은 수많은 군대 미신을 겪고, 많은 이들이 울고 싸우고 헤어지는 모습을 보기도 합니다. 주변에서는 옆구리를 쑤시며 헤어지라는 독설을 퍼붓기도 합니다.

하지만 그들을 보란 듯이 비웃으며 행복한 만남을 이어가는 이들이 더 많다는 걸 명심하세요. 군인과의 연애 경험은 앞으로의 연애와 남자를 보는 안목에도 큰 도움이 될 겁니다.

'몸에서 멀어지면 마음에서도 멀어진다'는 말이 있습니다. 하지만 이는 커플이 하기 나름입니다. 이런 말에 흔들리는 것보다 그가 제대하면 함께 있을 날들을 떠올리는 게 더 이롭습니다. 사랑은 두 사람 사이에 놓인 길 중 가장 짧고 빠른 길임을 결코 잊지 마세요.

'Love is the shortest distance between two hearts.'

40
episode

나는 이런데
그녀만 잘 나가

Question

직장에 다니는 여자친구가 승승장구하며 생
활하는 걸 보면 기뻐해야 하는데 오히려 질
투 나고 박탈감마저 느껴지다니…….

그녀는 직장인이고, 저는 군인입니다.

요즘 그녀를 보면 정말 열심히 살고 있는 것 같습니다. 매일 야근하면서도 제 생각을 한다는군요. 지난번에는 직장에서 보너스도 타고 상사한테 칭찬도 받았다면서 신나 하는데, 보기 좋았습니다. 곧 승진도 한다네요. 하루하루 발전하는 모습이 보입니다.

그런데 이렇게 직장생활에 푹 빠져 살다 보니 전화할 때마다 자기 친구들은 어떻게 산다느니, 자신은 어떻게 지낼 예정이라느니 하는 말이 많아집니다. 가끔은 직장의 남자 동료가 잘 한 일도 이야기하는데, 이럴 때는 미쳐버리겠습니다.

물론 이해해요. 자기가 잘 해나가고 있는 게 얼마나 신나고 즐겁겠어요. 하지만 이렇게 2년을 군대에서 보내고 있는 저로서는 다른 친구들, 특히 그녀가 이렇게 앞서 나가는 모습을 보고 있으니 오히려 부담도 되고 힘도 빠집니다. 물론 질투도 많이 나고요.

제가 이상한 걸까요? 제가 너무 속이 좁아서 그런 걸까요?

누구나 당연하다. 사돈이 땅을 사면 배가 아픈 건 누구나 그렇다. 특히 나
이대가 비슷한 이성과 사귀면 이런 데에 신경 쓰일 수밖에 없다. 애인
은 나날이 발전하고 있는데 나는 선택권을 박탈당한 채 군에서 썩고
있는 것 같겠지.

질투는 삶의 곳곳에서 기다리고 있습니다. 누구나 어렸을 때부터 질투라는 감정에 너무나 익숙합니다. 내가 원하는 장난감을 샀다고 자랑하는 아이, 학교에서 나보다 점수를 잘 받은 친구, 직장에서 보너스를 받았다며 신이 난 동료, 심지어 도로에서 마주친 최신 스포츠카를 타고 다니는 사람에게 질투를 느껴본 적이 있을 겁니다.

질투를 느끼려면 상대방이 나와 비슷한 사람이라는 전제가 필요합니다. 100년 전에 존재했던 과학자를 질투하거나, 사람이 아닌 강아지를 질투하거나, 우리나라에 살면서 미국 어딘가에 살고 있는 억만장자를 질투하는 일은 드뭅니다. 기타리스트로 활동하고 있다면 다른 기타리스트를 질투할 수 있겠지만 바이올리니스트나 첼리스트를 질투하는 일은 없겠죠. 이처럼 질투에도 상대방과 나 사이에 하나 이상의 연결고리가 필요합니다.

그녀에게 질투를 느끼는 것 또한 그렇습니다. 그녀가 나와 비슷한 나이이자 많은 추억을 공유한 아주 가까운 사이이니 둘 사이에는 수많은 연결고리가 존재합니다. 그런 상황에서 그녀는 여자이기에 2년이라는 시간을 군대에서 보낼 필요가 없습니다. 군대에 있는 남자로서는 질투할 만한 조건을 갖고 있는 셈이죠.

하지만 질투의 불꽃은 연인 관계의 불씨를 꺼버리기 십상입니다. 질투에 빠진 사람은 이성적으로 생각하기가 힘들죠. 상대방이 한없이 미워 보일지도 모릅니다. 그렇게 작은 질투는 나도 모르게 불꽃을 일으키게 마련이죠.

그녀와 친하다 보면 어느새 그녀를 사회생활 라이벌로 받아들이는 경우가 있습니다. 특히 그녀가 나와 동갑이거나 나보다 나이가 많다면 말입니다. '그녀는 발전하는데 나는 뭐하고 있는 거지?'라는 생각에 빠져 우울해지고 그녀를 질시하기까지 합니다. 이런 때일수록 상대방을 라이벌이 아닌 협력자로 받아들이는 지혜가 절실합니다. 나라를 위해 희생하는 2년 동안 그녀는 그런 나를 기다리고 있습니다. 그런 상대가 어떻게 협력자가 아니겠습니까.

군대라는 곳이 2년을 허비하는 곳이라는 생각을 머릿속에서 지워버려야 합니다. '나는 2년을 군대에서 보내야 하는데 그녀는 그동안 공부할 수도 일을 할 수도 있다는 게 불공평해'조차 하지 맙시다. 그녀는 나를 기다리고, 누구보다 나를 사랑하는 그녀이기 때문입니다. 혹시라도 그녀가 이런저런 이야기로 질투심을 자극한다면 솔직하게 말하는 건 어떨까요? 가끔 그녀의 이야기에 질투가 난다고 말입니다. 그것이 질투심에 빠져 판단력을 잃는 것보다 현명한 방법입니다.

명심할 것은, 내가 속한 무리에서 최고, 즉 왕이 되는 것입니다. 2년 동안 사회에 있는 사람을 질투하다 보면 오히려 군대에서 즐기고 있는 것들을 잊어버리거나 잃기 쉽습니다. 군인이라는 신분으로 내가 영향력을 끼칠 수 있는 곳, 즉 내가 속한 부대에서 할 수 있는 것

에서 최고가 되기를 간절히 바랍니다. 그것이 나라도 지키고 그녀
도 지키는 지름길입니다.

41
episode

왜 내 마음을
몰라주는 거야

Question

그가 상병을 달더니 변했다. 전화도 뜸하고
예전 같지가 않다.

어쩜 이렇게 변했을까요?

이병 때는 보고 싶다고 난리법석을 떨더니, 전화 끊을 때마다 미안하고 고맙다는 말을 귀에 박히도록 하더니, 1년 만에 어떻게 이렇게 변하나 싶습니다. 상병으로 진급하더니 참 편해졌나 보죠? 늘 전화 오던 시간에 전화가 안 오면 내가 얼마나 걱정하는지 알기는 할까요?

아무 말 없이 전화 없는 날도 늘고……. 다음날 아무렇지도 않게 전화해서는 "어제 걱정했지?"도 아닌, "뭐해?"라니? 그런 다음, 자기 힘든 것만 늘어놓고는 끊기 일쑤죠.

'뻔뻔한 놈! 안 그럴 거라고 생각한 내가 미쳤지.'

군대 커플들이 제일 많이 헤어진다는 전설의 일말상초. 저는 그런 거 믿지도 않았어요. 그런데 너무 무심하잖아요. 이것저것 다 신경 써주던 모습은 온데간데없고, 이제는 그럴 생각도 없는 것 같고…….

군대에 있는 사람 힘들게 할까봐 말도 못 했죠. 그래도 언젠가는 이런 내 마음을 헤아려줄 거라 생각했는데……. 상병 달고 더 돌변한 그. 처음에는 서운하다가도 그런 게 쌓이다 보니 이제는 익숙해진 건지 화도 나지 않아요. 아무래도 지친 것 같아요, 우리 둘 다…….

nswer

그도 똑같을 거다. 밖에서 학교 다니느라 일하느라 바쁜 그녀를 생각해서 자기 마음을 털어놓지 못하는 군인들이 의외로 많다. 자기가 부대에서 힘든 만큼 밖에 있는 그녀도 힘들다는 걸 알기 때문이다. 그런데 오랫동안 만났으니 말 안 해도 그 마음 알까? 절대 그렇지 않다.

'말하지 않아도 내 마음 알아주겠지'

인간관계의 수많은 갈등은 어긋난 기대와 추측에서부터 시작됩니다. 다른 사람은 아니더라도 그녀의 마음만은 내가 읽을 수 있다고 장담할 때, 다른 사람은 아니더라도 그만은 내 마음을 알아주기를 기대할 때, 이때 문제가 일어납니다. 착각이 오해를 낳는 거죠.

아이러니하게도 친밀하고 오래된 관계일수록 서로를 오해하는 일이 잦습니다. '우리가 몇 년이나 만났는데……'나 '우리는 이런 사이인데……'라는 생각은 위험합니다. 그 속에 '내가 잘 아니까 나를 잘 알 거야'라는 기대심리가 득실거리고 있으니까 말이죠. 그러다 보면 꼬이고 꼬여 돌이킬 수 없는 상황에까지 이르고 맙니다.

물론 오랫동안 교제해왔다면 서로의 마음과 행동을 예측할 수 있습니다. 함께 지내왔던 상황이나 일들을 근거로 미래의 행동을 추측할 수 있으니까요. 하지만 언제까지나 정확하게 예측할 수 있으리라는 믿음은 순진한 생각입니다. 잘 아는 것과 완벽하게 아는 건 명백히 다르죠. 나조차도 내 자신을 제대로 알기가 버거우니까요.

단골 패밀리레스토랑에 가면 그녀는 늘 치킨 샐러드를 시켜 먹습니다. 그녀가 전화를 받으러 잠시 자리를 비운 사이에 그녀가 좋아하는 샐러드를 주문해놓습니다. 이 정도면 센스 있는 남자라는 말을 들을 거라고 생각하니 으쓱해집니다. 어서 그녀가 돌아와 "우리 자기가 최고!"라며 칭찬해주기를 고대합니다. 그런데 이게 웬일입니까? 자리에 돌아와 샐러드를 마주한 그녀의 안색이 어둡습니다.

"나 오늘은 샐러드 대신 샌드위치 먹으려고 했는데…… . 여기는 그것도 맛있는데…… ."

사람의 행동은 언제나 바뀔 수 있습니다. 경험만으로 상대를 잘 알고 있다고 할 수 없죠.

몇 년 동안 뜨겁게 열애했던 애인이 결혼하고 보니까 트랜스젠더였다는 웃어야 할지 울어야 할지 모를 일이 생기기도 합니다. "말도 안 돼!"라지만 실제로 일어나는 일입니다. 애인이 말해주지 않은 잘못도 있지만, 상대방을 잘 안다는 착각에 빠져 수많은 단서를 놓친 탓도 크겠죠.

표현하지 않으면 아무도 모른다

일말상초의 함정 역시 이런 기대와 추측 때문입니다.

일병 말에서 상병 초라면 이제 군대 생활을 알 만큼 압니다. 연인 끼리도 군대 생활에 매우 익숙해졌음을 의미합니다. 이 시기에 그는 군대라는 사회에 적응하고 그녀는 군에 입대한 그에게 적응해, 서로의 일거수일투족을 꿰고 있습니다. 그녀가 몇 시 몇 분에 회사나 학교에서 나오며, 그가 몇 시에 청소하러 가는지도 서로가 매우 익숙합니다. 그 때문에 말하지 않아도 서로가 서로를 이해해주리라 기대하고, 자신의 추측이 옳다고 생각합니다.

청소 때문이 아니라 다른 급한 일이 있어서 가야 하는 그에게 "아직 청소시간이 아니잖아!"라며, '마음이 식은 게 분명해'라며 우울해 하는 그녀. 분명히 집으로 가고 있는 중일 텐데 전화를 받지 않는 그녀가 서운한 그. 의사소통이 제대로 되지 않은 탓입니다.

"후임이 새로 들어와서 PX에 음식 사주러 일찍 가봐야 할 것 같아"라든지, "오늘 회사에서 밀린 일이 있어서 처리하고 나오느라 늦었어. 많이 기다렸지?"라고 솔직하게 말하세요. 기분이 나빴다면 상대방이 자신의 기분을 헤아려주기 전에 이렇고 저래서 기분이 나빴다는 말을 먼저 꺼내보는 것도 한 가지 방법입니다.

상대방이 내 마음을 알아주길 기대하고, 내가 상대방의 마음을 알고 있다고 철석같이 믿는 건 이별로 가는 고속도로입니다. 물론 드러내지 않고도 서로가 서로를 이해하고 헤아려준다면 얼마나 근사한 일이겠습니까. 하지만 우리는 상대의 마음을 읽지 못합니다.

사람의 마음을 읽으려는 독심술에만 치우치지 말고, 서로의 마음을 드러내고 표현하며 의사소통하는 방법을 익히세요. 추측해서 원하는 것을 얻을 확률은 맞거나 틀리거나 둘 중 하나입니다. 하지만 드러내어 표현했을 때 원하는 것을 얻을 확률은 그 이상입니다. 이게 군대에서 살아남은 커플들이 하나같이 추천하는, 일말상초를 현명하게 이겨내는 확실한 비법입니다.

42
episode

남 주기는 아깝고
내가 갖기는 싫다

Question

군대에 오니 그녀와 헤어져야 하나 싶어진다.
언제까지 기다리게만 해서는 안 될 것 같다.
그런데 막상 그녀가 내가 아닌 다른 사람과
행복하게 지낼 걸 생각하니 배가 아프다. 붙
잡지도 놓지도 못하는 이 마음, 나 좀 도와줘!

남 주기는 아깝고 내가 갖기는 싫고……. 짜증나는 상황입니다. 뜨겁게 불타오르던 저희 커플이 미지근해진 지 꽤 되었습니다. 그런데 신기한 게, 이게 미지근한 상태로 계속 가더라고요. 제가 입대하고 나서 연락이 뜸해지기 시작해서 그런 것 같아요. 그녀도 기다리는 게 힘들 테고요. 그래서 여러 번 생각해봤습니다. 과연 그녀를 기다리게 하는 게 바람직할까 말이죠.

사실 남자만 가득한 군대에 있다 보면 외롭기도 해요. 그래서 막상 헤어지자고 말하기가 힘들죠. 헤어지고 나면 제가 힘들어할 것 같고, 외로움에 괴로워할 것 같기도 하고요. 그렇다고 이렇게 미지근하게 질질 끌고 가는 건 그녀한테도 못할 짓 같네요. 사귄 지 6년이 되거든요.

그녀도 이런 거 다 알 텐데, 정 때문에 저를 붙잡고 있는 것 같아요.

그런데 실은 무엇보다도 다른 남자를 만나서 행복하게 지낼 생각을 하면 질투도 나고 화도 납니다. 남 주기는 아깝고 내가 계속 가지고 있기는 미안하고……. 제 심보가 그래서 그런가 싶네요.

nswer

마음이란 게 그렇다. 얻는 것보다 잃는 것을 더 두려워한다. A를 살까 B를 살까 한참 동안 고민하다가 A를 샀다. A를 사고 보니 고민할 때는 몰랐던 A의 장점이 두드러져 보인다. 소유하는 대상에 애착을 느끼는 소유 효과 때문에 자신이 갖고 있던 것을 포기하기가 굉장히 힘든 거다.

소유 효과와 손실 회피 사이에서

"이 컵은 여러분의 것입니다. 이 컵에 50센트에서부터 9.50달러까지 팔고 싶은 가격을 표시해주세요."

《넛지》의 저자이자 행동경제학자인 리처드 세일러Richard Thaler 교수는 학생들에게 약 5달러 정도 되는 머그컵을 주며 그 가치를 값으로 매기도록 했습니다. 반대로, 컵을 주지 않은 학생들에게는 정해진 금액 내에서 그 컵을 가지려면 돈을 얼마나 지불할지를 적도록 했습니다.

이를 종합한 결과, 컵을 소유한 학생들은 자신의 머그컵에 평균적으로 7.12달러의 가치를, 컵을 소유하지 못한 학생들은 3.12달러의 가치를 매겼습니다. 컵을 소유했다는 것만으로도 컵의 가치가 높아진 거죠. 이처럼 무엇인가 소유했을 때 그에 따라 심리적 가치가 높아지는 것을 '소유 효과endowment effect'라고 합니다.

소유 효과는 어떻게 우리의 의식을 조종할까요? 그건 손실이라는 두려움 때문입니다. 사람들은 자신의 소유물을 잃는 것을 두려워하고, 같은 가격이라도 이득을 보았을 때보다 손실을 보았을 때 더 민감하게 행동하는데, 이를 '손실 회피loss aversion'라고 합니다. 당첨 확률이 800만 분의 1밖에 되지 않은 로또복권은 잘만 사지만 조류독감이 유행이라고 하면 닭고기를 절대 먹지 않는 것도 이러한 이유 때문입니다.

같지만 결코 같을 수 없는 선택

아래의 옵션 A와 B 중 하나를 골라보세요.

  A : 1,000만원을 확실하게 얻을 수 있다.
  B : 1,500만원을 얻을 수 있지만 20퍼센트의 확률로 한 푼도 못 받을 수 있다.

이렇게 이익을 앞세운 경우 대부분은 안전한 옵션 A를 선택합니다.

A : 1,000만원을 확실하게 잃을 것이다.

B : 1,500만원을 잃을 수도 있지만 20퍼센트의 확률로 한 푼도 잃지 않을 수 있다.

이 경우에는 확률의 도박을 믿으며 위험하지만 B를 택하는 사람이 많습니다.

다른 예를 들어볼까요? 600명이 살고 있는 마을에 갑자기 살을 갉아먹는 신종 박테리아가 유행하기 시작합니다. 이 박테리아를 박멸하는 프로그램을 만들었습니다. 둘 중 어느 것을 고르겠습니까?

A : 200명을 무조건 살리는 프로그램

B : 3분의 2 확률로 600명 전체를 살릴 수 있지만, 3분의 1 확률로 실패할 수 있는 프로그램

이 경우 안전하게 200명을 살리는 A를 선택한 이들이 72퍼센트였다고 합니다.

A : 400명은 무조건 죽는 프로그램

B : 3분의 1 확률로 죽지 않지만 3분의 1 확률로 600명 전체가 죽을지도 모르는 프로그램

이 경우에는 78퍼센트가 확률의 도박에 맡기는 위험한 B를 선택했습니다.

두 결과의 공통점이 무엇일까요? 그렇습니다. 사람들은 같은 금액일 때 이익보다는 손실에 예민하게 반응하며, 작은 확률이지만 손해를 입지 않으려고 합니다.

심리학자들은 이를 종합해, 이익이 손해보다 2.5배 정도 높을 때 사람들의 마음을 끌 수 있다고 합니다. 만원을 잃거나 얻는 게임보다는 만원을 잃을 수도 있지만 2만 5천원을 얻을 수 있는 게임에 끌린다는 것입니다.

그래도 곁에 두고 싶은 속마음

이 소유 효과와 연애가 무슨 관계가 있을까요? '남 주기는 아까운 심보'는 소유 효과에 다분히 이용당하고 있다는 증거입니다. 정 때문이건, 외로움 때문이건 말입니다. 애인을 소유함으로써 얻는 심리적인 가치가 많은데, 그걸 포기하기가 두려운 것입니다. 그렇기 때문에 상대방에게서 멀어질 수 없는 거죠.

연애는 상대방의 장·단점을 따져가며 산술적으로 저울질할 수 있는 게 아니지만, 나보다 2.5배 멋있는 남자가 그녀에게 접근했을 때 그녀가 내 곁을 떠나갈 확률이 높다고 합니다.

　물론 애인을 포기함으로써 얻는 것 또한 있습니다. 자신만의 시간을 가질 수 있고, 간섭받지 않을 수 있으며, 데이트에 따른 비용을 줄일 수 있습니다. 하지만 우리는 없던 것을 얻는 것보다 소유하고 있는 것을 잃는 것에 더 민감합니다. 그녀 역시 나보다 2.5배 나은 사람이 나타나기 전까지는 나를 떠나지 못할 확률이 높다는 겁니다.

　여기서 힌트를 하나 얻자면, 상대방의 마음을 끌고 싶을 때는 손익감정 중 손해에 집중하는 게 유리합니다. 가령 "과자 하나만 사다 주면 내가 귀여워해줄게"라며 상대방의 이익에 호소하는 것보다 "그렇게 안 하면 게임 못 하게 핸드폰을 빼앗을 거야"라며 손해에 호소하는 게 더 효과적입니다. 소유 효과를 역이용한 방법이죠.

43
episode

군대 미신이
소름끼치는 이유

Question

그가 일말상초인데, 불안해 죽겠다. 주위에서
다들 일말상초를 조심하라는데……. 일말상
초의 저주, 정말일까?

요즘 걱정이 태산이에요. 말끝마다 일말상초를 들먹이는 그 때문에 저까지 초조해 죽겠습니다. 그를 군대 보내고 나니 주위에서 다들 일말상초 때 헤어질 건데 뭐 하러 기다리느냐고 하더군요. 친구들이 그 시기에 차인 경우가 많거든요. 그래서 '나한테도 찾아오면 어떡하지?' 하는 생각에 너무나 불안합니다. 어쩌다 통화하다가 마찰이 생길 때면 '일말상초라서 그런 건가?' 하는 생각도 들고요.

그런데 말이에요. 어떤 커플은 자기네들 사전에는 일말상초 따위는 없다는, 나폴레옹 뺨치는 자신감까지 보이던데……. 일말상초, 그게 도대체 뭐기에 이렇게 저를 긴장시키고 괴롭히는 걸까요?

nswer

군대 미신이 무서운 이유가 거기에 있다. 믿는 대로 된다는 것. 그러니 일단 그 단어를 머릿속에서 지워버려라. 생각할수록 그 미신은 강력한 힘을 얻을 뿐이니.

믿는 대로 되는 불편한 진실

일말상초라는 미신이 가진 소름끼치는 괴력을 알아봅시다. 미국의 한 은행이 파산한, 웃기지만 슬픈 이야기부터 해드리죠.

어느 날 갑자기 A 은행이 파산할 거라는 난데없고 근거 없는 루머가 돌기 시작합니다. 이 루머에 불안해진 고객들은 그 은행으로 달려가 자신의 돈을 엿가락 뽑듯 출금하기 시작합니다. 그리고 며칠 후 이 은행은 정말로 파산합니다.

사회학자 로버트 머튼Robert Merton은 이렇게 미신이나 소문이 사람들의 행동에 영향을 주고 결국 사실이 되는 사회적 현상을 '자기 성찰 예언self-fulfilling prophecy'이라고 이름 붙였습니다.

이는 흑인 범죄율에서 쉽게 들여다볼 수 있습니다. 어느 날 새벽, 미국의 한적한 거리에서 비명소리와 사이렌 소리가 들려옵니다. 총격전이 벌어진 게 분명합니다. 범인을 머릿속에 떠올려보세요. 백인일까요, 아니면 흑인일까요? 영화나 텔레비전 같은 미디어 탓이 크겠지만, 미국 사회 역시 '흑인이 범죄를 많이 일으킨다'는 고정관념이 있습니다. 그 탓에 경찰은 자연스럽게 흑인에 대한 감시와 제재를 높입니다. 밀착해서 감시하다 보니 당연히 흑인범죄 검거율도 높아집니다. 통계학적 근거도 없는 루머가 어쩌다 보니 사실이 된 거죠. 이쯤 되면 단순한 루머도 장난으로 웃어넘길 일이 아닙니다.

이처럼 자기성찰 예언은 고정관념으로부터 시작되는 경우가 많습니다. 어떤 고정관념을 접하면 '정말 그대로 행동하면 어떡하지?'라는 괜한 걱정과 우려에 빠지는데, 이를 '고정관념의 위협stereotype threat'이라고 합니다. 여자아이들은 수학 문제에 약하다는 고정관념이 있죠. 여자아이들이 실제로 이를 의식한 탓에 수학시험을 보는 동안 잡생각이 많아져 집중하지 못하고 결국 수학시험에서 저조한 성적을 받는다는 실험 결과가 있습니다.

부정적인 생각은 부정적인 행동을 초래하고, 부정적인 결과는 부정적인 생각이 맞았음을 증명해줍니다. 쳇바퀴 돌 듯 부정적인 사이클이 계속되는 겁니다.

그가 일말상초를 달고 사는 까닭

군대 커플들 중에는 애인과의 사소한 다툼을 '이게 다 일말상초 때문'이라며 엉뚱한 미신 탓으로 돌리는 경우가 많습니다. '어차피 일말상초 되면 다들 헤어진다는데……'라는 생각에 사로잡혀 무의식적으로 상대에게 소홀해집니다. 반대로 '나는 결코 일말상초의 비극은 겪지 않을 거야'라며 쓸데없는 부담감까지 갖습니다.

처음에는 여자친구와 싸우지 않고 좋은 관계를 유지하기 위해 밤낮으로 최선을 다하겠죠. 하지만 상대방의 분위기를 살피는 데에 급급한 나머지 예민해지기 시작합니다. 그녀의 목소리가 조금이라도 안 좋은 것 같으면 "무슨 일 있어?"라거나 "나 때문에 그런 거야?" 식의 말을 반복합니다. 평소 같으면 그냥 넘어갈 일인데 일말상초라는 편견에 사로잡혀 불필요한 집착과 추궁이 가득한 질문만 던지는 거죠.

여자도 마찬가지입니다. 군대에서 고생하고 있는 그에게 괜한 걱정을 끼치지 않으려고 자기 이야기를 일부러 피합니다. 일말상초가 다가오자 더 민감해진 탓입니다. 게다가 그가 지쳐 있는 목소리로 전화를 받을 때면 '나 때문에 그런가?' 하며 걱정이 앞섭니다.

이러다 보니 자신을 더 감추고 결국 둘은 멀어집니다. 자기성찰 예언의 늪에 빠져 일말상초의 희생양이 된 겁니다. 안타까운 일이죠. 상당히 많은 커플이 이 과정을 밟고 있습니다.

제 주변에도 이병 시절부터 장난스럽게 "나도 일말상초처럼 되는 거 아니야?"라는 말을 입에 달고 살던 후임이 있었습니다. 정말 신기하게도 그는 상병으로 진급하자마자 5년간 사귄 여자친구와 헤어졌습니다. 그러고 나니 선임들이 전한 일말상초의 전설은 또다시 사실이 된 것입니다. 그 후 그는 전입한 신병들에게 제일 먼저 일말상초의 전설을 손수 전해주는 '일말상초 홍보대장'이 되었답니다.

애인 있다고 하면 어김없이 이 말부터 꺼내죠.

"다 일말상초야. 어디까지 가나 보자."

그가 처음부터 그 말을 믿었던 건 아닙니다. 그도 부정적인 자기

성찰 예언의 희생자입니다.

재미로 하는 말에 죽자고 덤비지 마라

일말상초라는 말을 들었을 때, 어떻게 해야 할까요? 속상해 하지 말고 이것을 어떻게 현명하게 이겨내느냐를 궁리해야 합니다. 불필요한 고정관념에 갇혀 살 이유가 전혀 없습니다. 일말상초라는 말은 재미로만 흘려들으세요. 일말상초 때 많이 헤어진다는 통계는 이 세상 어디에도 없습니다. 미신일 뿐이죠.

어차피 헤어질 커플은 그때가 아니더라도 헤어지게 마련입니다. 일말상초라는 말을 머릿속에 쌓을수록 자신만 옭아맬 뿐입니다. 그 생각에 빠지면 답답해져 의도하지 않은 말이 나오고 결국 상대방에게 상처를 주고 맙니다. 그러다가 일말상초라는 말대로 어김없이 그 시기에 헤어지는 거죠. 그러니 가장 먼저 그 말의 굴레를 벗어던지세요.

'끝내 못 기다리고 헤어질 수밖에 없을 거야.'

혹시 지금 이렇게 생각하고 있나요? 그런 부정적인 생각에 젖어 있다면 지금 당장 거기서 속히 벗어나세요. 상대방에게 '우리는 잘될 것'이라는 긍정적인 믿음을 심어주기 바랍니다. 자기성찰 예언의 부정적인 사이클이 있다면, 당연히 긍정적인 사이클도 있음을 명심하세요.

믿는 대로 된다는 것을 안다면, 그만큼 현명하다면 오늘이라도 전역날 위병소 밖에서 기다리고 있을 고무신을, 군 복무를 마치고 늠름하게 걸어 나갈 자신의 군화를 마음속에 그려보기 바랍니다. 재미로 하는 말에 절대로 죽자고 빠져들지 마세요.

44
episode

연애 불변의 법칙,
'이 또한 지나가리라'

Question

그를 군대에 보내고 나니 고민이 많다. 기다
리는 것도 힘들지만, 기다린다고 해도 그가
제대하고 나서 변할까 그것도 걱정이다.

너무나 기쁜 소식을 들었어요! 그가 제가 사는 집 근처로 자대를 배치 받았대요. 매주 도시락 싸 들고 면회 갈 생각을 하니 설레고 행복해요.

그런데 말이죠, 이런 기쁜 소식을 듣고도 한편으로는 불안해요. 주변 친구들 이야기가 생각나서 갑자기 우울해지는 거예요. 제 주위에는 헤어지고 나면 힘들 것 같아서 상대를 붙잡고 있는 친구들이 많거든요. 그러다가 막상 전역하고 나면 다른 여자와 바람나는 경우도 많죠.

제가 만약 그런다면 트라우마가 생겨서 아무도 못 만날 것 같은데……. 지금 자대 배치 소식에 기분이 좋다가도 걱정도 되고……. 생각이 너무 많습니다.

nswer

정말 잘된 일이다. 그런데 생각하는 것만큼 좋지만은 않을 것이다. 그러면 당연히 힘들겠지만 생각하는 것만큼 힘들지도 않다. 무슨 말이냐고? 누구나 미래의 감정을 예측하는 데 몹시 서툴다. 그리고 과도하게 예측하는 건 환상과 두려움만 키우고 만다.

'아무도 내 꿈을 방해할 수 없어'

인간이 가진 축복 중 하나는 미래를 생각할 수 있는 능력입니다. 아직 일어나지 않은 일을 상상하며 즐거워하거나 두려워하며 계획을 세울 수 있습니다. 이렇게 자신의 정서나 감정을 예측하는 것을 '정서 예측affective forecasting'이라고 합니다. 정서 예측은 인생에서 직면하는 많은 상황에 쉽게 결단과 결정을 내리도록 도와줍니다. 사소한 것부터 중대한 사항까지 말입니다.

만약 '사이다보다 콜라를 마시는 게 기분이 좋아지겠지'라고 생각한다면 콜라를 주문해 마실 겁니다. 인턴이나 취업을 고려할 때도 'A 회사를 다니는 게 B 회사를 다니는 것보다 행복할 거야'라고 생각한다면 A에 지원할 테고 말이죠. 이렇게 우리는 매순간 정서 예측을 합니다. 심지어 결혼 상대를 결정할 때도 '이 사람과 함께했을 때 얼마나 기쁠까, 아니면 불행할까?'라는 자신의 정서 예측에 의존해 결정하지 않나요.

하지만 이런 정서 예측이 항상 정확하지 않다는 걸 명심해야 합니다. 행복심리학을 연구해온 대니얼 길버트Daniel T. Gilbert와 티모시 윌슨Timothy D. Wilson은 미국 대학생들을 대상으로 다음과 같은 실험을 했습니다.

미국 대학생들은 보통 학기 초에 자신이 지내고 싶은 기숙사에 지원서를 제출합니다. 연구자들은 이 점에 착안해, '자신이 원하던 기숙사에서 생활한 학생' 집단과 '자신이 원하지 않던 기숙사에 들어간 학생' 집단을 모으고, 기숙사 배정 결과에 얼마나 만족하는지 1부터 매우 행복한 7까지 점수를 매겨달라고 했습니다. 그런 다음 1년이 지난 후 똑같은 학생들에게 기숙사 생활이 얼마나 만족스러웠는지 점수를 매겨달라고 했습니다.

결과는 어땠을까요? 놀랍게도 '자신이 원하던 기숙사에 생활한 학생'들은 1년 전에 매겼던 점수보다 낮게 매겼고, '자신이 원하지 않던 기숙사에 들어간 학생'들은 전보다 훨씬 높은 점수를 매겼습니다. 자신의 감정을 과소평가했거나 과대평가했던 것입니다.

'정말 내가 꿈꾸는 게 맞는 걸까'

그렇다면 왜 자신의 감정을 잘못 평가하는 걸까요?

먼저, 초점주의 때문입니다. 초점주의란, 눈앞에 있는 일에 너무 집중한 나머지 미래에 일어날 수많은 일이 자신에게 끼칠 영향을 과소평가하거나 과대평가하는 것을 말합니다. 군대 갔다 온 그가 바람을 피워 헤어지고, 그 순간의 감정이 극대화되어 슬픔에 잠긴 채 '난 이제 끝났어. 더 이상 살 이유가 없어. 세상의 끝이야'라고 생각합니다. 실제로 시간이 지나면 취직과 이직, 훈남과의 만남, 예기치 못한 소득, 집안일 등으로 우려했던 것보다 훨씬 좋을지도 모르는데 말입니다.

훈련이 힘들고 많다는 최전방으로 자대를 배치 받은 병사도 마찬가지입니다. 지금은 우울해 괴로운 인생이 펼쳐질 거라고 걱정할지도 모릅니다. 하지만 막상 가보면 좋은 선·후임, 좋은 보직, 좋은 여자 간부님을 비롯해 부정적인 평가가 바뀔 만한 사건이 많을지도 모르는 일입니다.

과대평가도 마찬가지입니다. 이병 위로휴가, 즉 신병 위로휴가를 갔다 온 이병 대부분이 휴가가 기대보다 좋지 않았다고 말하곤 합니다. 첫 휴가만 나가게 해주면 온 세상을 다 가진 기분일 거라고 입에 달고 다니던 그들도 막상 나가서 사회인이 된 친구들을 보니 부러운 마음이 가득하고 부대에 복귀할 생각을 하니 오히려 답답해진 거죠.

두 번째는 심리면역 망각 때문입니다. 누구나 자기 합리화에 뛰어난 재능이 있고, 자기 합리화로 심리적인 안정을 얻습니다. 감기균에 감염되었을 때 시간이 지남에 따라 면역력이 생기는 것처럼 심리적 충격이나 공격에도 자연스럽게 면역력이 생깁니다.

이런 심리적 면역력은 생존하기 위해 무의식적으로 매우 빠르게 일어나기 때문에 자기도 모르는 사이에 심리적 충격에 대처하고 있음을 인지하지 못합니다. 면접에서 떨어진 이유를 자신의 부족함에서 찾는 게 아니라 '면접관의 건방진 태도'에서 찾거나, 최전방에 배치 받은 그를 위로하며 "그곳이 너를 필요로 하니까 보냈을 거야, 분명!"이라고 말하는 것도 이에 해당됩니다. 애인이 바람을 피워 헤어졌을 때 '내 진가를 모르고 바보짓을 한 거지'라며 스스로를 위로하는 것도 마찬가지입니다.

이처럼 무의식적으로 자신이 받아들이고 이해하기 쉬운 상황으로 사건을 해석합니다. 이런 초점주의와 심리면역 망각으로 현재에 처하거나 미래에 닥칠 일에 대해 자신의 감정을 과소평가하거나 과대평가합니다. 그로써 기쁨에 눈이 멀거나 슬픔에 빠져 포기하는 거죠. 사실 뚜껑을 열어 보면 생각했던 것만큼 좋지도 나쁘지도 않은데 말이죠.

마음의 시소에서 중심을 잡을 때

이제는 진부한 표현이 되었지만, 솔로몬의 말 중에 '이 또한 지나가리라'라는 명언이 있습니다. 나쁜 일도 곧 지나갈 테고 좋은 일도 곧 지나가리라는 뜻이죠. 제자리에 멈추어 있는 건 아무것도 없습니다. 시간이 지나면 환호할 거라고 생각했던 일도 썩 좋지만은 않은 경우가 많습니다. 우울의 구덩이에 빠져 헤어 나오지 못할 거라며 두려움에 떨던 일도 막상 나쁘지 않은 결과도 많고 말입니다.

물론 정서 예측의 오류가 도움이 되는 경우도 많습니다. 'A 회사에 취직하면 내가 원하는 삶을 살 수 있을 거야'라는 식으로 기쁨을 예측한다면 그 회사에 취직하려는 것이 동기가 되어 입사시험을 충실히 대비할 겁니다. 이병이 '포상휴가가 얻으면 그녀를 볼 수 있고, 그러면 정말 죽어도 여한이 없어'라는 기대와 설렘이 넘친다면 이게 힘을 되어 자대 생활을 적극적이고 모범적으로 할 것이며, 군생활이 더없이 행복할 것입니다.

반대로 부정적인 감정이 극대화된 경우를 생각하지 않을 수 없습니다. 정서 예측은 불필요한 불안과 긴장에 빠지게 해 더 안 좋은 결과를 불러오기도 합니다. 헤어진 후에 겪을 우울함과 외로움이 두려워 연인을 붙잡고 있다면 객관적으로 자신이 정서 예측의 오류에 빠져 있는 게 아닌지 돌아보기 바랍니다. 바람을 피우다 걸린 애인이라면, 혹은 믿음이 깨진 애인이라면 옆에 두어봤자 좋을 게 없습니다. 헤어진 후에 우울해하며 힘들 자신이 두려워 헤어지지 못한다면 나중에 더 깊은 상처를 받을 건 불 보듯 뻔합니다.

　모든 감정은 일시적입니다. 감정이라는 시소가 있다면, 무게 중심에서 벗어나지 않고 균형을 잘 맞춰야 합니다. 모자라지도 지나치지도 않아야 하는 거죠. 자신의 감정을 멀리 놓고 바라보며, 자신의 상황을 차분하게 돌아보기 바랍니다.

여전히 말 많은 그,
어떻게 할까

Question

군대 간 그가 내 말은 들은 둥 마는 둥 하고,
자기 얘기만 하려고 한다. 군에 가서도 여전
한 그. 도대체 왜 그런 거야?

그는 자기 이야기만 쉼 없이 늘어놓는 수다쟁이 스타일입니다. 게다가 고집이 세서 제가 반박이라도 하면 화부터 내죠.

"오빠가 말이야, 제대하면 바리스타를 해보려고 말이야. 그리고 심리상담사 자격증도 따서……."

"제대하면 공무원시험 준비한다고 하지 않았어?"

"그것도 하고."

"시험 준비 하면서 그런 것까지 하긴 힘들 텐데……."

"내가 뭘 한다고 하면 왜 꼭 안 된다는 식으로 말해? 내가 그까짓 거 못할 거 같아? 넌 그냥 내 말만 믿고 따라오면 돼. 알겠어?"

독불장군이에요 독불장군! 게다가 군인이라는 신분 때문에 제가 말을 들어주기만 해야 하는 벼슬이 되어버린 지 오래입니다. 제가 반대되는 걸 말하면 그게 그렇게 속상하나 봐요. 소심하긴……. 게다가 제일 질리는 건, 항상 이건 이렇고 저건 저렇고 하며 모든 걸 단정해버리는 거죠.

nswer

군대 커플의 연애는 일반 커플의 연애와는 다르다. 눈을 마주하고 만나는 게 아닌, 공중전화로 이어지는 연애이기 때문이다. 그래서 일반 연애서적들이 말하는 조언이 먹통인 경우가 많다. 연애에 기뻤다 말았다 낙심하는 부류라면 'yes-but'에 주목하길.

사람들은 여러 가지 복합적인 경험을 거쳐 자신만의 가치관을 형성해갑니다. 이 과정에서 자신을 소중하고 가치 있는 존재로 느끼는 정도를 뜻하는 '자존감'이 생겨나는데, 고집 센 사람은 이 자존감이 잘못 표출되는 경우입니다. '네가 틀렸다'라는 식의 반론은 그들의 자존감에 상처를 줄 수 있고, 그렇기 때문에 피하는 게 상책입니다.

이런 유형의 사람을 다루는 가장 현명한 방법은 그를 인정하는 것입니다. 그러기 전까지는 그들과 대화한다는 건 사실상 불가능하다는 점을 염두에 두기 바랍니다.

물론 그들을 무조건 인정만 하고 살 수는 없겠죠. 우리도 똑같은 사람이니까 말입니다. 우리에게도 말할 수 있는 입이 있으니 당연히 말해야 합니다. 따라서 먼저 상대방을 인정함으로써 상대가 방심하게 하고, 그 후 자신의 이야기로 공략하는 'yes-but'을 추천합니다. '지피지기면 백전백승'이라는 말이 있죠. 이 말처럼 이 대화법은 상대방의 입장으로 먼저 생각해보고 자신의 의견을 표출하는 교묘한 심리 트릭입니다. 실제로 이는 마케팅에서 많이 사용하고 있는 실전 심리 기법이죠.

이 대화법을 활용해, 먼저 상대방의 이야기를 잘 듣고 요약한 후 자신의 의견을 표현해보세요.

"이런 말이었구나. 그런데 궁금한 게 있는데, 이건 어떻게 생각해?"

질문하는 척하면서 교묘하게 자기의 입장을 넣어 반론하는 겁니다. 이 경우, 상대방의 입장에 귀 기울이고 있음을 보여주기 때문에 자존감에 상처를 주지 않습니다. 그리고 자연스럽게 내 의견에 어떻게 생각하는지 물어볼 수 있는 기회를 마련해줍니다. 주의할 점은, 요약하는 부분이 나만의 작위적으로 해석하거나 빗나가면 '내 얘기를 하나도 듣지 않았구나' 하며 오히려 반감을 살 수 있음을 잊지 말아야 합니다.

상대방의 말에 먼저 찬성하고 질문을 가장한 반론을 던지는 것도 한 방법입니다.

"말을 들어보니까 정말 맞는 거 같아. 그런데 △△에 관해 더 알고 싶어."

"역시 그 말이 맞는 거 같아. 그런데 이거는 어떨까?"

첫 번째 방법과 달리 칭찬으로 긍정적인 피드백을 많이 주기 때문에 더 효과적입니다. 하지만 입에 발린 칭찬을 하면 '내게 원하는 게 있구나'라며 가식 덩어리로 생각할 수 있으니 주의해야 합니다. 그리고 이런 공략법에서 중요한 건 '타이밍'입니다. 적시에 사용할 줄 아는 센스가 필요하겠죠.

자, 궁극의 심리학 무기를 드렸으니 적극 활용해보기 바랍니다. 순간적으로 대화를 바꿔 상대방 스스로 자신의 허점을 깨닫게 해보세요. 그러면 말 많은 그도 달라지지 않을까요?

참고문헌

1장

Kelling, G. L., & Wilson, J. Q. (1982, March). Broken Windows: The police and neighborhood safety. In *The Atlantic Monthly*.

Ross, L. (1977). The intuitive psychologist and his shortcomings: Distortions in the attribution process. In L. Berkowitz, *Advances in experimental social psychology* (10th ed., pp. 173-220). New York: Academic Press.

Schacter, D. L., Gilbert, D. T., & Wegner, D. M. (2011). B.F Skinner: The role of reinforcement and punishment subsection in: Psychology; Second Edition. New York: Worth, Incorporated, 278-288.

Duncker, K. (1945). On problem solving. *Psychological Monographs*, 58:5 (Whole No. 270)

Risen, J., & Gilovich, T. (2007). Informal Logical Fallacies. In R. J. Sternberg, H. L. Roediger III, & D. F. Halpern, *Critical Thinking in Psychology* (pp. 110-130). N.p.: Cambridge University Press.

Darley, J. M., & Latané, B. (1968). Bystander Intervention in emergencies: Diffusion of responsibility. *Journal of Personality and Social Psychology*, 8, 377-383.

Darley, J. M., & Latané B. (1970). The unresponsive bystander: why doesn't he help? New York, NY: Appleton Century Crofts.

Sedgwick, W. (July, 1888). *Studies From the Biological Laboratory*. Baltimore, Maryland: N. Murray, Johns Hopkins University.

Babad, E. Y., Inbar, J., & Rosenthal, R. (1982). Pygmalion, Galatea, and the Golem: Investigations of biased and unbiased teachers. *Journal of Educational Psychology*, 74, 459-474.

Pfungst, O. (1911). Clever Hans (The horse of Mr. von Osten): A contribution to experimental animal and human psychology (Trans. C. L. Rahn). New York: Henry Holt.

Rosenthal, R & Jacobson, L. (1992). Pygmalion in the classroom (Expanded ed.). New York: Irvington.

Metcalfe, J., & Shimamura, A. P. (1994). Metacognition: knowing about knowing. Cambridge, MA: MIT Press.

Mischel, W., Ebbe B, E., & Antonette, Z. (1972). Cognitive and attentional mechanisms in delay of gratification. *Journal of Personality and Social Psychology* 21 (2): 204-218

Thaler, R. H. (1981). Some Empirical Evidence on Dynamic Inconsistency. *Economic Letters* 8 (3): 201-207.

Ackerman, J., Nocera, C., & Bargh, J. (2010), Incidental haptic sensations influence social judgments and decisions, *Science*, 328, 1712-1715.

Van Bergen, A. (1968) Task interruption. Amsterdam: North-Holland Publishing Company.

Zeigarnik, A. V. (2007). Bluma Zeigarnik: A Memoir. , *Gestalt Theory* (3rd ed., pp. 256-268).

Bargh, J. A., Chen, M., & Burrows, L. (1996). Automaticity of Social Behavior: Direct effect of trait construct and stereotype activation on action. *Journal of Personality and Social Psychology*, 71(2), 230-244.

Regan, R. T. (1971). Effects of a favor and liking on compliance. *Journal of Experimental Social Psychology*, 7, 627-639.

Strohmetz, D. B., Rind, B., Fisher, R., & Lynn, M. (2002). Sweetening the Till: The use of candy to increase restaurant tipping. *Journal of Applied Social Psychology*, 32(2), 300-309.

2장

Ross, L., Greene, D., & House, P. (1976). The "False Consensus Effect": An Egocentric bias in social perception and attribution processes. *Journal of Experimental Social Psychology*, 13, 279-301.

Lerner, M. J., & Simmons, C. H. (1966). Observer' s reaction to the "innocent victim": Compassion or rejection? *Journal of Personality and Social Psychology*, 4(2), 203-210.

Asch, S. E. (1952a). Effects of group pressure on the modification and distortion of judgements. In G. E. Swanson, T. M. Newcomb & E. L. Hartley (Eds.), Readings in social psychology (2nd ed., pp. 2-11). New York: NY Holt.

Asch, S.E. (1955). Opinions and social pressure. Scientific American, 193, 35-35.

Sherif, M., Harvey, O.J., White, B.J., Hood, W., & Sherif, C.W. (1961). Intergroup Conflict and Cooperation: The Robbers Cave Experiment. Norman, OK: The University Book Exchange. pp. 15-184.

Zajonc, R. B. (2001). Mere Exposure: A gateway to the subliminal. *Current Directions in Psychological Science*, 10(6), 224-228.

Critcher, C. R., & Gilovich, T. (2008, July). Incidental environmental anchors. *Journal of Behavioral Decision Making*, 21(3), 241-251.

Tversky, A. & Kahneman, D. (1974). "Judgment under uncertainty: Heuristics and biases". *Science*, 185, 1124-1130.

Latané, B., Williams, K., & Harkins, S. (1979). Many hands make light the work: The causes and consequences of social loafing. *Journal of Personality and Social Psychology*, 37(6), 822-832.

3장

Cialdini, R. B. (2006). Influence: The Psychology of Persuasion (Revised ed.). N.p.: Collins Business Essentials.

Brehm, J. W. (1966). A theory of psychological reactance. Academic Press.

Schwartz, B. (2005). The Paradox of Choice: why more is less. N.p.: Harper Perennial.

Thorndike, E. L. (1920). A constant error in psychological ratings. *Journal of Applied Psychology*, 4(1), 25-29.

Maag, J. W. (1999). Why They Say No: Foundational precises and techniques for managing resistance. Focus on Exceptional Children, 32(1), 1-16.

Wake, Lisa (2008). Neurolinguistic psychotherapy: A Postmodern Perspective. London: Routledge.

Steinbach, A. (1984). Neurolinguistic programming: a systematic approach to change. *Canadian Family Physician*, 30, 147-150.

Milgram, S. (1963). Behavioral Study of Obedience. *Journal of Abnormal and Social Psychology*, 67(4157), 371-378.

Cho, D. (2003, August 8). E-mail Study Corroborates Six Degrees of Separation. Scientific American. Retrieved May 25, 2013, from http://www.scientificamerican.com/article.cfm?id=e-mail-study-corroborates.

Travers, J., & Milgram, S. (1969). An Experimental Study of the Small World Problem. *Sociometry*, 32(4), 425-443.

Lorenz, K. (1937). On the formation of the concept of instinct. Natural Sciences, 25(19), 289-300.

Cialdini, R. B., Vincent, J. E., Lewis, S. K., Catalan, J., Wheeler, D., & Darby, B. L. (1975). Reciprocal concessions procedure for inducing compliance: the door-in-the-face technique. *Journal of Personality and Social Psychology*, 31, 206-215.

Freedman, J. L., & Fraser, S. C. (1966). Compliance without pressure: The foot-in-the-door technique. *Journal of Personality and Social Psychology*, 4, 195-202.

4장

Beck, A. (1997). The past and the future of cognitive therapy. *Journal of Psychotherapy Practice and Research*, 6, 276-284.

Woolfson, L. (2003). Disabled children, parents, and society: A need for cognitive reframing. *Proceedings of the British Psychological Society*, 11.

Elton, E. J., Gruber, M. J., & Blake, C. R. (1996). Survivorship Bias and Mutual Fund Performance. *Review of Financial Studies*, 9(4), 1097-1120.

Wrosch, C., Miller, G. E., Scheier, M. F., & Brun de Pontet, S. (2007). Giving Up on Unattainable Goals: Benefits for health? *Personality and Social Psychology Bulletin*, 33(2), 251-265.

Wrosch C. Self-regulation of unattainable goals and pathways to quality of life. In: Folkman S, editor. Oxford Handbook on Stress, *Health, and Coping*. Oxford University; 2011. pp. 319-333.

Festinger, L., Riecken, H. W., & Schachter, S. (1956). When Prophecy Fails. Minneapolis: University of Minnesota Press.

Festinger, L. (1957). A Theory of Cognitive Dissonance. N.p.: Stanford University Press.

Festinger, L., & Carlsmith, J. M. (1959). Cognitive consequences of forced compliance. *Journal of Abnormal and Social Psychology*, 58(2), 203-210.

Seligman, M. E. P., & Maier, S. F. (1967). Failure to escape traumatic shock. *Journal of Experimental Psychology*, 74, 1-9.

Seligman, M. E. P. (1972). Learned helplessness. *Annual Review of Medicine*, 23(1), 407-412.

Bushman, B. J., Baumeister, R. F., & Stack, A. D. (1999). Catharsis, aggression, and persuasive influence:

self-fulfilling or self-defeating prophecies? *Journal of Personality and Social Psychology*, 76(3), 367-376.

Bolen, J. (1996). Close to the bone: Life threatening illness and the search for meaning. New York: Scribner.

Zimbardo, P., & Boyd, J. (2008). The Time Paradox: The new psychology of time that will change your life. N.p.: Free Press.

Bouton, M.E. (2007). Learning and behavior: A contemporary synthesis. MA Sinauer: Sunderland.

가모시타 이치로 (2011). 《우울증 심리학》. 도서출판 지식여행

5장

Freeman, A., & Dewolf, R. (1993). 10 Dumbest Mistakes Smart People Make and How to Avoid Them: Simple and sure techniques for gaining greater control of your life. N.p.: HarperCollins Publishers.

Kahneman, D., & Tversky, A. (1984). Choices, Values, and Frames. American Psychologist, 39(4), 341-350.

Kahneman, D., Knetsch, J. L., & Thaler, R. H. (2009). Experimental Tests of the Endowment Effect and Coase Theorem. In K. E. L (Ed.), *The New Behavioral Economics* (Vol. 3, pp. 119-142).

Thaler, R. (1980). Toward a positive theory of consumer choice. Journal of Economic *Behavior and Organization*, 1, 39-60.

Gilovich, T., Keltner, D., & Nisbett, R. E. (2006). Social Psychology (pp. 467-468). N.p.: W.W. Norton.

Merton, R. K. (1948). The Self-Fulfilling Prophecy. *The Antioch Review*, 8(2), 193-210.

Steele, C. (1997). A threat in the air: How stereotypes shape intellectual identity and performance. *American Psychologist*, 52(6), 613-629.

Gilbert, D. T., Pinel, E. C., Wilson, T. D., Blumberg, S. J., & Wheatley, T. P. (1998). Immune neglect: A source of durability bias in affective forecasting. *Journal of Personality and Social Psychology*, 75(3), 617-638.

Schkade, D. A., & Kahneman, D. (1998). Does Living in California Make People Happy? A Focusing Illusion in Judgments of Life Satisfaction. *Psychological Science*, 9(5), 340-346.

Wilson, T. D., & Gilbert, D. T. (2003). Affective Forecasting. *Advances in Experimental Social Psychology*, 35(345), 345-411.